感じのよい英語
感じのよい日本語

日英比較コミュニケーションの文法

水谷信子

感じのよい英語・感じのよい日本語
―― 日英比較コミュニケーションの文法 ――

はしがき

　書名を見て、やや聞きなれない言い方だという印象を持たれるかたが多いかもしれないが、本書で述べたかったことは、いわば「対人関係の言語表現」である。社会の中で人とつきあうとき、どんな表現を使うか、日本語と英語の場合を比べてみたいという考えが中心になっている。

　「待遇表現」という言い方は通りがよいかもしれないが、それでは上下関係を中心とした丁寧な表現という印象を与える。ここで問題にしたかったのは、人とつきあうときの、特に対等のいわば横並びの人間関係を中心とした言語表現について、日本語と英語の場合を比較対照して考えるということである。現代の特に若い人にとって、これは関心の深い問題であり、これからの国際社会で中心的な問題となると思われる。
　最近よく論じられる、相手の体面を傷つけないことを重んじた消極的な丁寧さということでなく、相手とのよき関係を結ぶための、積極的に相手に近づくことを重視した対人関係表現というものを考えたいというのが著者の意図である。

構成としては第1章で「感じのよい英語」の、第2章で「感じのよい日本語」の、主な要因を追及した。英語では相手の名前を呼んで親しみを表す習慣を、日本語では「寄り添い」の意識が相手を安心させる作用を、主としてとりあげた。第3章では談話の展開の形の日英の違いを考察した。第4章では依頼などの実際の言語行動面での日英の比較を、第5章では家族関係を中心とした対人関係の表現について日英の比較を試みた。

　日本語と英語が人間関係の中でどう運用されるか、という問題に興味を持つ人に読んでもらえれば幸せである。特にこれから国際関係を意識して活動したいと思っている若い人が、英語を使う場合と日本語をふりかえる際に参考にしてくれれば、たいへんありがたいと思う。

　なお、くろしお出版の池上達昭さんに、細心の配慮と多大なお骨折りをいただいたことにあつく御礼申しあげたい。

水谷信子

目　次

第1章　呼びかけと親愛文末 7
   1　英語と呼びかけ　*8*
   2　英語の呼びかけ　*11*
   3　名前に対する思い入れ　*22*
   4　英語の呼びかけの機能　*24*
   5　英語の文末表現　*27*

第2章　「感じのよさ」と場の共有 33
   1　経験を分かち合う「くる」　*34*
   2　感じのよさと補助動詞　*35*
   3　補助動詞の日英対応　*44*
   4　補助動詞の付加　*49*
   5　終助詞と場　*52*
   6　「その人」と「あの人」　*55*
   7　親愛と共存　*57*

第3章　話の展開——対話と共話 59
   1　あいづちは Interruption か　*60*
   2　日本語のあいづちと英語　*63*
   3　英語の未完文末　*71*

4　日本語の未完文末　*75*
　　　5　談話の展開に見る日英の意識　*84*

第4章　言語行動の対照 87
　　　1　依頼表現の比較　*88*
　　　2　場づくり　*92*
　　　3　explanation vs. apology　*97*
　　　4　thanking and apology　*101*
　　　5　wishing good luck　*108*
　　　6　general vs. specific　*110*

第5章　言語表現と対人関係 113
　　　1　個人と家族　*114*
　　　2　家族の間　*117*
　　　3　過去の関係への言及　*122*
　　　4　人間関係と評価　*125*
　　　5　日本語話者と英語話者のつきあい　*127*
　　　6　音声上の対照　*130*

おわりに　133
主な参考文献　135

第1章　呼びかけと親愛文末

日本人の英語は失礼か

　長く日本語教育に携わり、特に英語圏の学生に接してきたが、その学生たちから、「日本人の英語は失礼」という評価をたびたび聞いた。敬語意識が強いと思われる日本人が英語を話すとなると「失礼」になるのはなぜであろうか。その原因の一つに英語の「呼びかけ」の習慣が考えられる。

　日本語を学んでいる英語圏の学生が、ただ「おはようございます」とか「そうです」というのが自然だと思われる場面で、「オハヨウゴザイマス、先生」「ソウデス、水谷先生」と不要と思われるほど、相手の名前を呼ぶことに違和感を覚えた。英語では相手の名前を文中に入れることで敬意・親愛の情などを示すとされている。日本語にはこの習慣がないため、日本人の英語が失礼な印象を与える結果になるのではないかと思われる。

第1章　呼びかけと親愛文末

1　英語と呼びかけ
1-1　ぶっきらぼうな英語

　日本語でも呼びかけは行うが、機能は限られている。

　　先生、ちょっとお願いがあります。
　　山田君、待って。

のように、主として文頭に用いられるが、それは注意を喚起し、相手を話の場に招き入れるためであって、呼びかけそのものに待遇表現の機能は負わせていない。そのため、英語話者が日本語を話すときに「山田さん」「田中先生」など頻繁に相手の名前を呼ぶと、呼ばれた日本人が落ち着かない気分になる。また逆に、日本人が英語を話すときに相手の名前を文中に織り込むことが不得手でうまくできず、日本人の英語は「冷たい」あるいは blunt（ぶっきらぼう）という印象を与える結果になる。日本人としてはこうした印象は意図していないので、不本意な批判を受けることになり、しかもその原因に納得がいかないことになる。

1-2　呼びかけと上昇調

　筆者が以前、英会話教材の録音に立ち会ったとき、テキストの中に、

　　What time does the store close?

という文があり、文末に下降調を示す↘がついていた。しかし録音を担当したアメリカ婦人は文末をあげて、

　What time does the store close? ↗

と読んだ。それを聞いた出版社の社員がマークのように読んでほしいと言ったところ、彼女は、自分はそんな失礼な言い方はしないと反論した。そのとき、英語の授業などで一般に指導される「what, how のような疑問詞のついた疑問文は下降調で言う」という規則は、必ずしもつねに適切なわけではないと感じた。下降調の与える断定的な強い印象を避けるためには、このアメリカ婦人が主張したように上昇調で言うか、あるいは文末に名前などの呼びかけを使うことになる。呼びかけは一般に上昇調で言われるから、

　What time does the store close, Mary? ↗

のようにすればやさしい感じになる。「お店しまるの何時でしょうね」のようである。また命令文でも、

　Try it again. ↘

と下降調で言うのは高圧的で、

第1章　呼びかけと親愛文末

　　Try it again, Mary. ♪

と名前を呼ぶか、あるいは、

　　Try it again, will you? ♪
　　（もう一度やってみましょうね。）

のようにすべきであり、そうしないと、日本人の英語は話し手の意思に関係なく、「失礼」になりかねない。

1-3 「友だちに失礼」
　この章のはじめに「日本人の英語は失礼か」という問いかけをしたが、「失礼」という言い方にも考察を加えておく必要があろう。「失礼」にあたる英語として英語話者から聞いたのは、主として rude という英語であった。その rude について、英語話者の受け取り方は日本人とは違っているかもしれないと思われる。

　英会話録音を担当した、さきのアメリカ婦人が「自分はそんな失礼な言い方はしない」と言ったのは、店員を相手にした会話のことであったが、別のアメリカ青年が筆者に言った「友だちに失礼」という発言が思い出される。彼と手紙の話をしていたとき、彼は教授にはタイプで打つが友だちには handwriting で出すと言ったので、筆者が理由をたずねると、

If you type a letter to a very close friend, he might think it is very rude. It's not considered good manners because it's businesslike, too impersonal.
(ごく親しい友だちに出す手紙をタイプしたら、非常に失礼だと思われるかもしれません。タイプで出すのは事務的でよそよそしいから、礼儀にはずれています。)

と答えた。これはだいぶ前の話で、いまではメールが中心なので、タイプの話は技術的に消えてしまったかもしれないが、失礼かどうかという問題についての考えは大きく変わってはいないであろうと思われる。

「友だちに失礼」という考えは日本人の考えにはあまり浮かんでこないかもしれない。失礼かどうかを気にするのはもっと関係の遠い知人や、上司や先輩、先生との関係においてではなかろうか。日本人は礼儀という点をある程度上下関係でとらえているのに対し、英語話者、この場合はアメリカ人の場合、友人関係でとらえているのである。日本の社会でも若者の間ではこの考えに近づいているかもしれない。とにかく、「日本人の英語は失礼か」という問題を考えるときに、「失礼」の概念を明らかにしておく必要がある。

2　英語の呼びかけ
2-1　映画や書籍から
日本語話者としては、英語の呼びかけにはどんな語がどう

第1章　呼びかけと親愛文末

いうふうに使われるのか、実際の例を知りたいと思うのが自然であろう。こうした呼びかけの調査は先行の研究がある[注1]が、さらに確認したいと思って、本書のために映画などを資料に例を集めた。

　使用した資料については次のとおりで、以後、略称で記す。

　　　FW　　= *Free Willy*（アメリカ映画　1993年）
　　　TF　　= *The Firm*（アメリカ映画　1993年）
　　　LTIO　= Let's Talk It Over（雑誌記事）
　　　AFT　 = *American Families in Tokyo*（書籍）

いずれも、できるだけ自然な会話の例を心がけて集めた。次の表1は、資料ごとの呼びかけ語彙の使用回数を表す。自然な感じを与えるため、繁雑な印象が生まれるのは承知で出現順にならべ、資料ごとに違いのあることを示すようにした。

注1)　長谷川香摘「話しことばにおける呼びかけ表現の日英対照研究」明海大学大学院応用言語学研究科修士論文 2001

2 英語の呼びかけ

表1 呼びかけ語彙

	FW	TF	LTIO	AFT	計
人名	48	87	5	24	164
fish	3				3
baby		1			1
lady	3				3
kid	9				9
man	16	1			17
son	5	2			7
bonehead	1				1
guy	3				3
big guy	1				1
Mr	1				1
boy	10				10
grouch	1				1
young man	1			1	2
buddy	6				6
sir	2	10			12
bud	2				2
fool	1				1
good boy	5				5
my friend	1				1
champ	1				1
Your Honor		3			3
kiddo		2			2
honey		2	6		8
ma'am		1			1
Counselor		3			3
pal		1			1
sweeth		2			2
driver		1			1
dear		1			1
lit.broth.		1			1
sonofab.		1			1
sweety		1	1		2
Mom				8	8
Dad				1	1
計	120	120	12	34	286

第1章　呼びかけと親愛文末

　異なり語数は35、のべ回数286である。やや見なれない語について意味を確認したい。

　　FW：
　　　bonehead [bounhed] ＝ばか・まぬけ
　　　big guy ＝文字通りには「大きな男」であるが、少年
　　　　　　　にむかって使われている。坊主。
　　　grouch [graut∫] ＝不平屋
　　　bud [bʌd], buddy [bʌdi] ＝仲間・相棒
　　　champ [t∫æmp] ＝ champion の略だが俗語では仲間

　　TF：
　　　Your Honor ＝閣下・判事などへの敬称
　　　kiddo ＝ kid と同じ
　　　Counselor ＝ここでは弁護士への敬称
　　　pal ＝仲間・相棒

　略記
　　　sweeth ＝ sweetheart
　　　broth ＝ brother
　　　sonofab ＝ son of a bitch

2-2 呼びかけの頻度

呼びかけはどのくらいの頻度で行われるか。ごく限られたこの資料の分析結果ではあるが、呼びかけ回数は FW, TF はそれぞれ 120、LTIO は 12、AFT は 34 である。その数が異なるのは資料の量が異なるためで、資料の語数・文数から一文あたりの比率を見る。

表 2　資料ごとの頻度

	FW	TF	LTIO	AFT	合計
呼びかけ例数	120	120	12	34	286
資料語数	5,806	9,591	5,410	4,600	25,407
	(0.0206)	(0.0125)	(0.0022)	(0.0072)	
資料文数	1,021	1,464	628	759	3,872
	(0.1177)	(0.0819)	(0.0191)	(0.0434)	

語数・文数の下の（　）は呼びかけ例数の割合である。資料語数は 4,600 ～ 9,591、資料文数は 628 ～ 1,464 と幅が小さいが、呼びかけ例数は 12 ～ 120 と広がっている。これは資料の性格の違いによるものと考えられる。

表3　呼びかけ回数と資料の性格

FW	語数の 2.06%、文数の 11.77% 呼びかけ回数　8.45 文に 1 回 (少年とシャチの愛情を描いた映画。頻度が最も高い)
TF	語数の 1.25%、文数の 8.12% 呼びかけ回数　12.32 文に 1 回 (法律事務所をめぐる争いが主題の都会的な映画)
LTIO	語数の 0.2%、文数の 1.91% 呼びかけ回数　51.36 文に 1 回 (若い夫婦の実際の会話)
AFT	語数の 0.72%、文数の 4.34% 呼びかけ回数　23.04 文に 1 回 (数家族の実際の会話)

　日常会話では、劇的な場面の多い映画に比べて呼びかけ回数が少ないが、その中では親子の会話の多い AFT のほうが、夫婦の会話の LTIO よりはるかに多い。以上は限られた資料についての考察であるが、ざっと 51 文に 1 回から 8.5 文に 1 回と、英語の会話の中で呼びかけがかなり頻繁に行われると言える。

2-3　呼びかけのことば

　ではどんな語がどのように使われているか。この資料での使用回数をあげる。

表 4　呼びかけの語と使用回数

個人名（first name）	143
姓（family name）	21
敬称（sir, lady, Counselor, ma'am など（Mr を除く）	23
家族（Mom, Dad, son, little brother など）	17
夫婦・恋人（honey, sweetheart, dear など）	13
若者・子ども（kid, boy, young man, bud, buddy など）	37
男性（man, guy, champ など）	22
友人・仲間（my friend, pal）	2
悪口その他（bonehead, grouch, driver, fish など）	8
計	286

呼びかけにどんなものがあったかを示す概略の分類で、たとえば家族の son など、そうでない相手にも用いられるなど、用法は複雑である。以下、用例を簡単に示す。

■個人名と姓、敬称など（first name 143, 姓 21, 敬称 23）

(1) first name

　　例1　ANNIE: Jesse, are you okay?　　　（FW）
　　　　　——ジェシー、大丈夫？〔里親が少年に〕

　　例2　MITCH: These are nice people, Abby.　（TF）
　　　　　——みんないい人たちじゃないか、アビー。
　　　　　〔夫が妻に会社の人をほめて〕

(2) 姓に敬称をつけて敬意を表す。

　　例3　STUDENT 1: I drew the happy faces, Mrs.

McDeers.　　　　　　　　　　　　　　(TF)
――マクディア先生、スマイルマークをかいたのは私です。〔高校生が教師に〕

例4　JESSE: Oh, thanks, lady.　You have a good day. Thanks.　　　　　　　　　　　　　(FW)
――どうも、ありがとう。お気をつけて。本当にありがとう。〔浮浪児 Jesse が金持ちらしい婦人に、親からバス代をもらいそこねたと嘘をついて小銭をもらって〕

敬称としては男性に mister 1、sir 12、女性に ma'am 1、lady 3 のほか、Counselor 3 が見られた。ただ、敬称といっても日本語と違う点は、自分にもつけることである。たとえば「刑事コロンボ」の中で主人公 Columbo は自己紹介をするとき、

　　I'm Lieutenant Columbo.

と言っている。lieutenant は刑事にあたるが、この場合は敬称というより肩書きというべきであろう。一般の人でも改まった自己紹介には、自分の名前に Mr. や Mrs. をつけることがあるが、日本語を習い始めたばかりの英語話者がときに自分の名前に敬称をつけて、

ワタシハ　スミスサンデス。

などと言うことがある。

■家族・夫婦・恋人（家族 17、夫婦・恋人 13）
(3) 親族夫婦関係
例 5　CONNIE: Mom, does vacation start on Friday or Saturday?　　　　　　　　　　　（AFT）
　　　——お母さん、お休みって金曜にはじまるの、土曜からなの。〔小学生の娘が母に〕

例 6　KAREN〔phone〕: Oh, honey, I'm so happy for you.　　　　　　　　　　　　　（LTIO）
　　　——ほんとによかったわ。〔女友達の出産を祝う電話〕

honey は夫婦間でも友人でも使う。夫婦では名前を使うことが多い。
　血縁でなくても親族名称を親愛などの情を見せるために使う。

例 7　DWIGHT: Yeah, I'm glad you were only out there three days, son.　　　　　　　　（FW）
　　　——そうだな、お前が脱走してからまだ三日目でよかったよ。〔Jesse に里親が〕

親族語の扱いについては日本語の場合と似ている点がおもしろい。

なお今回は親族名称の転用で、FW という映画で知人が、

You should go in the house, son.
——さあ、家に入るんだ、息子。

と少年をうながしたとき、少年が、

I'm not your son.
——息子じゃないよ。

とさからっている例があった。

ほかに、親族関係では、Dad 1、little brother 1 などが使われ、夫婦恋人で、honey 8、sweetheart 2、sweety 2、dear 1 があった。

(4) 若者仲間関係など

相手を、若者あるいは子どもと見て呼びかける語が 37 と数多く、特に映画で使われていた。

例8　POLICEMAN: There he is! Hold it, kid.　（FW）
　　　——あそこにいるぞ！小僧、待て！

仲間では man 17、pal, champ, guy 3、big guy 1、若者に対しては kid 9、kiddo 2、bud 2、buddy 6、boy 10、good boy 5、young man 2 などがあった。また、young man を息子に使った例があった。

例9　MOTHER: Ah, you'll have to stay home and take care of the family, young man.　　　（AFT）
――ええ、ジョー（あなた）はうちにいて、皆の世話をしてくれなきゃ。大人なんですものね。〔母親が長男に〕

(5) その他

職業を示す driver、動物に対しては fish、軽蔑や罵倒の bonehead, fool, grouch, son of a bitch など、映画など資料の内容によって別のものが現れるのは当然であるが、今回の資料の特徴として軽蔑罵倒などが加わっていることがあげられる。動物名として漁師らは Willy というシャチに対して fish を使っているが、Willy と交流のある主人公は Willy と人名で呼んでいる。TF の中で主人公は飼い犬に対し人名を使っている。また資料を別に求めればさらに長い表ができると考えられる。ほかの資料については長谷川の報告（注1, 12ページ参照）に詳しい。

第1章　呼びかけと親愛文末

3　名前に対する思い入れ
3-1　英語話者と first name

　上の資料で呼びかけに使われる語の中で、最も頻度の高かったのは first name 143 で、姓（family name）の 21 よりはるかに多かった。こうした数字に表れているだけでなく、first name に対する思い入れというか愛着の強さを、個人との接触で筆者は強く感じている。日本語を学ぶ英語話者、特にアメリカ人の授業を担当していたとき、学生から、

　　スミスさんというような family name でなく、アンとか
　　ジョーとか first name で呼んでほしい。

という希望が続出した。はじめは日本の教育機関的に姓を使っていたのが不評だったのである。個人的に聞いてみると、

　　スミスさんというのは家族に対する呼び名であって、わ
　　たし個人に対する呼び名ではない。アンと呼ばれないと、
　　自分のことではないような気がする。

ということであった。family name でも、日本の社会にいるのだからかまわないという少数意見もあって、結局は個人個人で別の扱いをしたと記憶している。そのとき、筆者は、英語の first name（family name もそうであるが）は比較的数

が限られていて、群衆にむかって「アン」とか「ジョー」とか呼びかけたら、大勢の手があがって収拾がつかなくなるのではないかと感じた。しかし「アン」が世界で珍しい名前だから first name で呼ぶということでもないだろう。ただ、幼いころから個人名で呼ばれることになれていて、それ以外は感情的に受けつけないのだろうと納得した。かりに筆者が日本の学校などで「信子」とか「信子さん」と言われたら違和感があるだろうと考えたりした（事実、当時の学生の中にはつきあいが長くなったからと、Nobuko と呼ぼうとした者もいた）。

3-2　日本語話者と個人名

　日本の社会、特に現在の高齢者の社会では、家族の名称が個人の名に先行する場合がかなりある。初対面の人に家族を紹介する場合、

　　　家内です。娘です。

のように、家族関係を告げるだけで、

　　　家内の貴子です。娘のよしこです。

のように、個人名を言うことを省いてしまう場合がある。あとで会社の同僚などに、

きょう高橋さんの娘さんに会ったよ。

などと伝えるが、それだけで話は終わってしまい、その娘さんの名前は知らないということは念頭に浮かんでこない。筆者が親戚の老婦人に何か贈り物を郵送しようとして、その老婦人の個人名を知らないことに気づいたが、家族も知らなかったことがある。その老婦人はただ、住所から「金杉のおばあさん」と呼ばれていて、誰も個人名の詮索に思いいたらなかったのである。

　しかし英語話者にとって個人名は非常に愛着のあるもので、それを理解しない日本人が、英語を話すとき名前で呼びかけることを怠ったとしたら、「失礼な英語」になりかねない。

4　英語の呼びかけの機能
4-1　親愛と敬愛

　呼びかけの重要性は日本語と英語で全く異なる。英語では主に first name で「親愛」を、family name と敬称で「尊敬・敬愛」を示すほか、相手に対するさまざまな感情を buddy や young man などで表すなど、待遇表現機能をもっている。それに対して日本語では待遇表現には多様な方法が使われるけれども、名前を呼ぶことには大きな機能を負わせていないといわなければならない。

　英語の呼びかけの最も大きな機能は「親愛」と「尊敬・敬

愛」であるが、今回の資料でこうした機能がどう果たされているか、286の使用例の内訳は以下のようである。

表5　英語の呼びかけの機能

親愛	171
尊敬・敬愛	21
その他（質問15、依頼17、説得25、非難14、その他23）	94

うち親愛は主として first name で、尊敬・敬愛は family name に Mr., Mrs. ほかの敬称をもって表されている。親愛だけなら全体の59.4%、尊敬・敬愛も含めれば67.4%、つまり3分の2近くは親愛などの情を表すのに使われているのである。今回の資料は映画が多いので質問・依頼・説得・非難などが比較的多かったことを考えると、日常の平和な会話では親愛などはもっと比率が高くなると考えられる。

4-2　文中の位置

呼びかけは日本語では文頭が多いが、英語では一般に、

I'm glad you could come, Martha.
──よく来てくれたわね、マーサ。
You're early, Bill.
──早いね、ビル。

のように文末が多いとされている。文頭につけるのは特に感情の強いときや、驚いたり心配したりしたときで、

> Martha, I'm glad you could come.
> ——マーサ、よく来られたわね。
> Bill, you're early.
> ——ビル、早いじゃないか。

のように強調されるのが普通である。
　長谷川の報告でも文末が最も多いが、今回の資料では次のようであった。

表6　文中の位置

	文頭	文中	文末	計
first name	49	2	92	143
family name	9	3	9	21
人名以外	10	4	108	122
計	68	9	209	286

　資料ごとの数字は繁雑になるので省く。親愛その他を示す呼びかけは文末が、今回の調査では総数286のうち209で73％と最も多かった。人名では first name, family name は164のうち文末は101で、61.6％、人名以外では総数122に対し108で、88.5％と、圧倒的に文末が多い。文末にくるも

のはほとんどが親愛表現である。このことは 1-2 で述べた上昇調とも関係してくる。つまり、断定的でない印象を与えるために文末に呼びかけを加えることが多いということである。文末に名前を呼ばず下降調が多いとしたら、日本人の英語は「冷たい」感じになるおそれがある。

5　英語の文末表現

英語の文末には、名前の呼びかけのほかにさまざまな親愛表現が使われている。英文の会話の文末についてわれわれはあまり注意してこなかったと思う。isn't it? のような tag question（付加疑問）や同感を求める you know などは比較的なじみがあるが、それ以外はあまり関心をもたない人が多い。しかし、相手の名前などを文末に添えることのほか、英語の文末は実に多彩で種類も使用回数も多い。

5-1　同感を求める文末表現

名前以外に話し手の心的態度、特に同感を求める傾向を示す表現として、今回の資料では次のようなものが使われていた。右の数字はそうした表現での使用回数を示す。

(1)　　tag question　　18
(2)　　, huh?　　11
(3)　　, right?　　3
(4)　　you know　　3　　計　35

同感を求める文末にはほかに do you think?, don't you think? などがあるが、上の4つは最もよく使われるものである。今回の資料では計35例、全文数3,872中の0.9%にあたる。以下、各表現の例をあげる。

（1）tag question

資料の中では FW 2、TF 8、LTIO 1、AFT 7、計18回、さまざまな形で使われている。用法（［　］で示す）もさまざまである。

例10　You're that graffiti kid, aren't you?　　　　（FW）
　　　——あなたあの落書きの子でしょ。［念押し］
例11　Rachel, won't you get up and make some tea for us, would you?　　　　（AFT）
　　　——〔母親が娘に〕レイチェル、すまないけど、ちょっと立ってお茶入れてくれないこと？［依頼］
例12　DAVID: Karen, I don't think we ever agreed that we were going to spend Fourth of July with your parents, did we?　　　　（LTIO）
　　　——カレン、7月4日の独立記念日は君の両親と一緒に過ごすときめたわけじゃないと思うけど。［意見］

(2), huh?

文末に添えて、笑い・驚き・疑問などを表す。資料中でFW 1, TF 8, LTIO 1, AFT 1, 計 11 回使われている。

 例 13 RAE: It's a long time, huh?   （TF）
   ——ひさしぶりだね。［服役中の兄が弟 Mitch に—感慨］
 例 14 You really won, huh?   （AFT）
   ——本当に勝ったんだね。
   ［兄が妹の高校のフットボールの試合の話を聞いて—驚いて確認］

(3), right?

「～そうだね」と確認する。資料では TF 中 3 回の使用例だけだが、実際の使用は多い。

 例 15 These taxes are only deferred, right? （TF）
   ——税金が延期されるだけだな、だろう？［確認］

(4) you know

同感を求める。資料の中では TF2、LTIO 1 で計 3 例あった。

例16 No associate's ever failed in the bar exam, you know.　　　　　　　　　　　　　　　　(TF)
——これまで司法試験に落ちた同僚は一人もいないからね。［確認］

例17 Well, you know, honey, we've talked about this before.　　　　　　　　　　　　　(LTIO)
——うん、でもそのことは二人で前に話し合っただろ。［確認］

例17のように、親愛表現は文の終わりでなく文中に挿入されることも少なくない。したがって「文末表現」というよりは「句・文末表現」というのが正しいが、意味上独立していることから、便宜上まとめて「文末表現」と呼んでおきたい。

5-2　親愛文末の頻度

以上のような文末表現をかりに「親愛文末」と呼びたい。名前などの呼びかけ文末が209あったので、それに親愛文末35を共通点のあるものとして合わせると、242になる。頻度について資料を見てみると、資料全体の文の数は3,872であるから、242 ÷ 3,872 = 0.0625、すなわち約6.3%の文は文末などに呼びかけか親愛文末がついているという計算になる。特定の資料から英語全体を論じることはできないが、かなりの頻度である。少なくとも日本人の英語にはこうした頻

度で文末などに親愛の表現をする習慣が欠けているのではないかと思われる。

　では、日本語には英語の親愛表現にあたるものとしてどんなものがあるか、次の章で考えてみたい。

第2章 「感じのよさ」と場の共有

なぜ「登ってきた」と「きた」をつけるのか

　アメリカの大学生を相手に日本語の授業をしていたとき、教科書に「こないだ白馬に登ってきたよ」という文があった。何のこともない文だと思って次へ進もうとしたら、学生から質問が出た。——なぜ「登った」でなく「登ってきた」と「くる」がついているのですか——こう質問されてはっとしたことが、数十年も前のことであるが、いまでも強烈に記憶に残っている。母語話者が何気なく見過ごしていたことを外国人の学習者に指摘されて、目がさめる思いをすることはたびたびあるが、この「てくる」は中でも最も強い経験であった。「けさ御飯を食べてきた」のような直前のことでなく「こないだ」のことに、なぜ「てくる」がつくか。考えてみるとそれは、自分の経験を相手に分かちたいという意識が現れているのだといえる。こうした表現が日常的であるところに気がついていなかったことを恥ずかしく思った。

第2章 「感じのよさ」と場の共有

1　経験を分かち合う「くる」
1-1 「登った」と「登ってきた」
　「登った」と「登ってきた」はどちらも自分の行動を相手に伝えているのであるが、この二つはどう違うか。あとのほうに加えられた「くる」は、登った経験をいまここで相手と分かち合い、共有したいという気持ちの現れではなかろうか。ここに来て、その話をしたいと思っている、ということが「くる」に現れている。ただ「こないだ白馬に登ったよ」というのを聞くと「ふうん」と聞き捨てかねない相手も、

　　こないだ登ってきたよ。

と言われると「そう、どうだった」と話に乗ってくる。「くる」を動詞＋「て」につけるとこうした効果が生まれる。政治家の講演などで、

　　先日、首相にお目にかかって、いろいろお話を伺ってまいりました。

と「てくる」をつけるのも、その効果を意識しているのだと思われる。

1-2　ニュースなど
　最近もテレビのニュースで、事故を起こした企業の責任

者などが、被害者の自宅を訪ねて謝罪したことを記者に語るとき、

　お詫びをしてまいりました。
　ご遺族の方にお詫びしてきました。

のように言っているのを聞いた。こうした場合、ただ「お詫びしました」でなく、

　お詫びしてきました。

と「てくる」がつくのはなぜか。もし「てくる」がつかなかったら、聞き手にどんな印象を与えるであろうか。「てくる」をつけることで、詫びたことを報告するだけでなく、その経験を聞き手に持ち寄って分かち合おうという姿勢、おおげさに言えば聞き手と「場」を共有するという態度が感じられる。感覚的にはこちらのほうが「感じがよい」のではなかろうか。この「くる」のように、動作を示す動詞の「て」の形に、ほかの動詞がついて話し手の態度を表すものを「補助動詞」という。

2　感じのよさと補助動詞

　同じ事実を言うのに感じのよい言い方とそうでない言い方があるとすれば、それは待遇表現上の大きな要素ではなかろ

うか。第1章で述べた、相手の名前を呼びかけない日本人の英語を英語話者がrudeと感じるのと同じように、英語話者の話す日本語が無愛想に聞こえることがあるとすれば、それは「感じのよい」表現が使えないためではなかろうか。英語で名前を呼ぶことが親愛の情の表現であるとしたら、補助動詞「くる」などの付加は「感じのよさ」という点で、日本語での一種の親愛表現であるということができるのではないかと考える。

2-1 よく使われる補助動詞

　よく使われる補助動詞としては次のようなものがある。説によってほかのものが加わることもあるが、一般には「あげる・ある・いく・いただく・おく・くださる・くる・くれる・しまう・みる・もらう・やる」などである（「いる」だけは特に時制などの用法が多いので除外される場合が多い）。次の資料は、日本人が補助動詞をどのくらい使っているか見るために、筆者が調査した結果である。

2 感じのよさと補助動詞

表1　補助動詞の使用頻度：母語話者

	あげる	ある	いく	いただく	おく	くださる	くる	くれる	しまう	みる	もらう	やる	計
上	1	7	52	108	9	36	106	23	87	39	9	0	477
徹	3	5	16	9	5	23	32	14	47	10	5	2	171
寅	10	3	37	15	15	35	83	60	110	23	14	32	437
計	14	15	105	132	29	94	221	97	244	72	28	34	1,085

「上」は上村コーパス32組、「徹」はテレビ番組「徹子の部屋」4組、「寅」は映画「男はつらいよ」3編である。

　自然の会話に近い資料の中で補助動詞の使われた例を数えたもの。資料の語数は合計約180,000語である。補助動詞の使用回数は1,085で、計算すると使用頻度は約0.60％になる。話した語の0.6％は補助動詞ということになる。その中で冒頭にあげた「くる」は221であるから、補助動詞全部の2割近いということになる。

　外国人で日本語を学習した人たち、主に上級まで達した人たちが補助動詞をどのくらい使ったか比べてみると、かなり進んだ段階の人でも日本人の約60％の頻度であった。

2-2　小説の例

　母語話者であるわれわれはあまり意識していないが、補助動詞は話しことばで大きな役割を果たしている。手もとにある小説の中で松本清張著『異変街道』という時代推理小説を

第2章 「感じのよさ」と場の共有

開いてみると、こんな場面がある。

　常吉という目明し（「岡っ引き」とも。江戸時代の一種の刑事）が、子分と一緒に探索にむかった郊外の植木屋で、つつじを買ったが、持たずに行こうとする。植木屋の老人が、「あれ、旦那、このつつじを？」とたずねるのに対し、次のように答える。

　　悪いが、おれたちはもう少しその辺を<u>ぶらついてくる</u>。荷物になるから、帰りに<u>もらっていく</u>。それまで<u>預けておく</u>よ。

と言う。この短い常吉の発言の中に補助動詞が３回も使われている。もしこの補助動詞がなかったらどうか。下線の部分の補助動詞を省いて、次のようにしたらどうか。

　　悪いが、おれたちはもう少しその辺を<u>ぶらつく</u>。荷物になるから、帰りに<u>もらう</u>。それまで<u>預ける</u>よ。

　これでも意味は通じるが、しかし実に愛想のない発言になる。なぜ無愛想に聞こえるのか。それは補助動詞の欠如のためである。「ぶらついてくる」の「くる」は相手のいる場へ戻ることを示し、「もらっていく」の「いく」は相手と離れることを、「預けておく」の「おく」は相手に託す意思を示している。つまり補助動詞は相手の存在を強く意識している

ことを示し、温かい「感じのよい」印象を残すのである。補助動詞なしでは常吉という人物のこれからの活躍に共感が得にくくなる。補助動詞の与える「感じのよさ」は、感覚的には「寄り添い」であり、かたい表現では「場の共有」ということができよう。

2-3　補助動詞の与える感じのよさ
　英語を話すとき名前を呼ばないことで rude とされる日本人が、日本語の中では補助動詞を活用して「寄り添い」的な話し方をする。補助動詞には事実に関する客観的な用法（寒くなっていく／くる）もあるが、こうした「寄り添い」的な用法ももっている。

■やりもらい表現
　学習者の中でもまだやりもらい表現に習熟していない場合は、

　　松本先生がワタシニ日本語を教エマシタ。

のように言う。これは事実を述べたものだが、日本語として聞いていると、松本先生なる人が外国人にむりやり日本語を教えているようなイメージが浮かぶ。また、

　　母がワタシニお菓子を送リマシタ。

と聞くと、お菓子をもらった学生がよろこんでいる姿が浮かんでこない。

> Prof. Matsumoto taught me Japanese.
> My mother sent me some candies.

などを、補助動詞なしでそのまま日本語に訳すと「感じのよくない」日本語になる。

　「てくださる」「てくれる」などのやりもらい表現は、必ずしも「礼儀正しさ」だけを強調するものではない。「てくる」「ていく」などと同じように、日本語を教えた松本先生や、お菓子を送った母に対する温かい「寄り添い」の感情を示すものと考えたい。

■いく──お茶を飲んでいきなさいよ

　「いく」には「年をとるとだんだん太っていく人が多い」のような、時の経過を示す用法もあるが、こうした事実に即した用法と異なる用法に、

> お茶でも飲んでいきなさいよ。
> せっかく来たんだからゆっくりしていったらどうですか。

のように、訪問者などをひきとめるものがある。日常生活で

よく耳にするが、外国人学習者の使用例は見出すことが難しい。この用法は堅苦しくいえば、「一時的な場の共有を重んじ、そのあとの聞き手の行動に関心を示す」ものである。「ていく」をつけると「お茶を飲みなさい」や「ちょっと寄りなさい」に比べて温かみが感じられるのは、別れたあとの相手の行動に心を寄せる「寄り添い」が感じられるためではなかろうか。

■いただく ── 右に曲がっていただくと

いわゆる「やりもらい」表現の中に、利益の授受という観点からは説明のできないものがある。たとえば店員が客に道を教えるとき、

> そこを右に曲がっていただくと、300メートルほど先に見えますよ。

のように言う場合がある。客に「曲がっていただ」いて店員が利益を受けるのではない。相手が知らない道をたどっていく行動について、「お前さんのことだ」と突き放すのでなく、寄り添って一緒に行動するという含みがあるために、「曲がっていただく」は温かい印象を与えるのだと解釈したい。

■安くしておきます

買い物をして代金を払うとき、店主が

お安くしておきますよ。

と言うことがある。これは今日のようにスーパーマーケットやコンビニが一般的でなかった時代のことであるが、外国人学生から「どうして「おく」を使うのか」という疑問が出る。「また買ってほしいからか」という鋭い質問もあるが、「将来のよい関係のため」と筆者は考える。「おく」がついたほうが感じがいいとすれば、よい関係への希望という意味で「寄り添い」の一種ではなかろうか。

■いく──これからシャンプーしていきます
　最近、美容院などで「これからシャンプーします」でなくて、

　　これからシャンプーしていきます。

と「ていく」をつける場合がある。客と寄り添うという感じがあり、熱意をこめて洗ってくれそうな感じがする。「単なる接客用語」にしても、好感がもてる表現としてこれからの待遇表現の一角を占めるようになるのではなかろうか。

2-4　補助動詞の好感度調査
　中部大学の山本裕子氏による研究では、補助動詞のもつ待遇性を調べるため、補助動詞のついた文とついていない文の

2 感じのよさと補助動詞

違いについて、アンケートで印象をたずねている。たとえば、

(1) A　この間の書類できていますか。
　　B　ああ、あれね。係の人に
　　　　(a) 頼みましたよ。
　　　　(b) 頼んでおきましたよ。

(2) A　課長、これ、いろいろ考えて
　　　　(a) 作ったんですが、見てくださいませんか。
　　　　(b) 作ってみたんですが見てくださいませんか。
　　B　ああ、いいよ。

(3)（パーティーの途中で）
　　A　きょうはこれでお先に失礼する。
　　B　あら、もう
　　　　(a) 帰るの。つまらないわ。
　　　　(b) 帰っちゃうの。つまらないわ。

上のような会話をまんが風に示し、(a)(b)どちらが感じがよいかたずねる調査である。調査はまだ途中であるが、これまでの結果では(b)を選んだ回答が圧倒的に多く、補助動詞のついたほうが好感度が高いという結果が出ているそうである。(b)のほうが(1)安心感を与えようとする、(2)努力したことを訴える、(3)相手が帰ると残念だと思う、など

の態度を表しているので、感じがよいと解釈されるのではなかろうか。

3　補助動詞の日英対応

　補助動詞について、日本語の会話で多用されることや、好感を与える用法があることを見たが、こうした用法の日英対照を考えたい。英訳にはどんな問題があるか。試みに訳した例と、数量的に調査したものについて考察したい。

3-1　英訳の試行

　2-2で紹介した植木鉢の例で英訳を試み、「感じのよさ」を考察する。

　　悪いが、おれたちはもう少しその辺をぶらついてくる。荷物になるから、帰りにもらっていく。それまで預けておくよ。

という発話について、(a) 筆者が試みた直訳的な訳と、(b) 翻訳専門家に依頼して得たa free version（こなれた訳）を比較検討してみる。

　　(a) Sorry.　We're going to be around this neighborhood for a while. It'll be a nuisance to carry it with us. We'll come to get it on our way home.　Keep it for us, will you?

(b) Oh, yes. Well, we're going to be strolling around awhile so it will just be in the way. Could you just keep it for us? We'll pick it up on our way home.

全体として (b) のほうがやさしい感じがするのは、Oh, yes. Well ～や just の 2 回の使用などが原因であろう。また、始めに Could you ～？と依頼の内容を告げ、帰りに取りにくることを付随的に添えている点も、英語の依頼の形に沿っている。ただ今回の目的として補助動詞の部分にあたる英訳を見る。

ぶらついて<u>くる</u>
 (a) going to <u>be around</u> this neighborhood for a while
 (b) going to <u>be strolling</u> awhile

もらって<u>いく</u>
 (a) We'll <u>come</u> to get it
 (b) We'll <u>pick it up</u>

預けて<u>おく</u>
 (a) <u>Keep it</u> for us, will you?
 (b) Could you just <u>keep it</u> for us?

(a) は正確な文、(b) は自然な文であるが、いずれにしても「ぶらついてくる」の「くる」、「もらっていく」の「いく」、「預けておく」の「おく」のもつ相手に対する配慮は直接訳されていない(「おく」の訳に for us があるのを別として)。文全体で好感が出ているとしても、補助動詞の配慮用法そのものは英訳しにくいのであろうと予想される。

英語の場合は、助動詞は使われるが本動詞は一つ、上の訳文の下線を付した部分であって、動詞と動詞が続くことには違和感があるのではなかろうか。

3-2 補助動詞の対訳調査

資料として著者が 2011 年に調査した結果から引用するが、日本語の教材や英語の会話記録などから得た補助動詞の日英対応を見たものである[注2]。会話体のみを対象とした。補助動詞の数は日英資料 25,520 語につき 239 で 0.94％、英日資料 23,110 語につき 229 で 0.99％であったから、2-1 の資料の母語話者の使用頻度の 0.6％をこえていた。これらの補助動詞

注2) 水谷信子「日英語の談話の展開の分析──立場志向性を中心として──」『応用言語学研究』No13 明海大学大学院応用言語学紀要 2011 年 3 月
引用例の出典(提出順)
  「中級」= 水谷信子『総合日本語中級』凡人社 1987
  「サイ」= E.G. サイデンステッカー・那須聖『日本語らしい表現から英語らしい表現へ』
         培風館 1962
  「初中」= 水谷信子『総合日本語初級から中級へ』凡人社 1991
  「AFT」= 水谷信子『American Families in Tokyo』ジャパン・タイムズ 1968
  「LTIO」= Let's Talk It Over『English Journal』アルク 1988

がどう英訳されているか。主なものについて、「訳出－意訳－訳なし」の割合を見ると、

		日英 (訳出－意訳－訳なし)	英日 (訳出－意訳－訳なし)	付加率
1	いく	13（8- 1- 4）	8（6- 0- 2）	
2	くる	55（33- 7-15）	34（18- 4-12）	35.3%
3	おく	⋮	⋮	
4	みる	⋮	⋮	
8	あげる	5（2- 1- 2）	19（13- 4- 2）	55.6%
9	くれる	20（7- 4- 9）	62（32- 3-27）	43.5%

となる。一部であるが、訳出されるものとされないものがほぼ同じ程度であった（右端の「付加率」については「4　補助動詞の付加」（p.49）を参照）。

3-3　訳出されるもの、されないもの

　時の変化など事実に関する用法は、ほぼ全部訳出されている。

　　例1　なじみのうすいものが多くなってきましたね。
　　　　　　　　　　　　　　　（「魚について」）（中級）
　　　　――Types with names only vaguely familiar are increasing.

第2章 「感じのよさ」と場の共有

他者の行為が話者にむかって行われる「くる」は、半数が訳出されている。

> 例2 じいやと二人で海岸通りを歩いていたら、酔っ払いのような人が珍しそうについて<u>き</u>て、なんや、けったいな犬やなあって。　　　　（サイ）
> ——Jiiya and I were walking along the Bund, and a drunk ——I think he must have been drunk—— <u>came after us</u> watching Lindy, 'An amazing dog,' he kept saying.

ただ、場が強調される用法では「てくる」の意味が直接には出ないことが多かった。

> 例3 課長：どこへ行く？
> 　　　社員：ちょっと歩いて<u>き</u>ます。頭がつかれたので。
> 　　　　　　　　　　　　　　　　　　　　　　　（初中）
> ——Where are you headed——For a walk. I'm feeling a little mentally fatigued.

状況からわかるにしても「ついてくる」「歩いてくる」の意味は、明らかには訳出されていない。経験を報告し分かち合う例はごく少なく、次の日本文のみであった。

例4　小父さん、犬を見て<u>き</u>ましたよ。　　　　（サイ）
——I saw him.

「見ましたよ」と変わらないという印象を与えるので、訳出なしとせざるを得ない。「ていく」も行為のあと離れていくという用法は訳出されていない。

例5　神戸で飯を食って<u>いこう</u>か。　　　　　　（サイ）
——Why don't we eat at the Mitsuwa, then?

この英文では、「食っていく」と「食う」の違いが出ないことになる。
　訳出されているかどうかを見て、一般について言えることは、日本語では話し手が聞き手のいる「場」を強く意識していることが、英訳では出ないことが多いということである。訳出されない用法は、実は外国人にとって習得が難しいものと共通していると言える。つまり日本語の寄り添い、あるいは「場の共有」の意識が、英訳しにくいのだと考えられる。

4　補助動詞の付加

　日本文の補助動詞が訳出されるかどうかよりも実は重大な問題として、和訳の場合、英語の原文に相当するものがなくても和訳に現れる例が多いということをとりあげたい。これは第3章でとりあげる「から・ので」などの接続表現の場

合と共通することである。3-2 の表の右端に付加率として示したのがこれである。すなわち、「くる」35.3%、「くれる」43.5%、「あげる」55.6% となっている。この三者の場合、和訳文の 3 分の 1 から約半数では、英文に相当するもののない補助動詞が付加されているということである。

4-1　付加される補助動詞
■　「くる」

例 6　Dave, are you going to get a schedule of tournament?
　　　　　　　　　　　　　　　　　　　　　　　　（AFT）
　　　——デイヴ、トーナメントのスケジュールもらってきてくれる？

get に対して「もらう／もらってくれる」でなく、「もらってきてくれる？」と「くる」が付加されている。

例 7　Connie keeps giving you these big words out of Nancy Drew.　　　　　　　　　　　　（AFT）
　　　——『ナンシー・ドロウ』の中からそういう難しい言葉を覚えてきて使ってるんだ。

英語の out of に対して、「覚えてきて」と、動詞および「くる」が付加されている。

4 補助動詞の付加

■ 「くれる」

例8 Well, she met this guy, Alan, and he invited her for dinner at his apartment.［姉の友人について］(LTIO)
——アランていう人なんだけど、自分のアパートに食事に来ないかって誘って<u>くれた</u>んですって。

例9 Well, I do agree that times have changed since when our parents took care of us.
——ええ、両親が私たちの面倒を見て<u>くれた</u>ころとは時代も変わったってことは、そのとおりだと思うわ。 (LTIO)

■ 「あげる」

例10 You should tell Linda.
——注意して<u>あげた</u>ほうがいいよ。 (LTIO)

例11 We could fix her up with a friend of ours. (LTIO)
——私たちの友だちを誰か紹介して<u>あげる</u>のよ。

4-2 感じのよい補助動詞

4-1の「くれる」「あげる」の例は、どちらも英語雑誌に連載された会話記録である。訳者も毎月異なっているので、個人の好みの反映ではないと思われるが、付加の例が非常に多く、会話例37のうち、「くれる」9、「あげる」3、「もら

う」3にのぼった。こうした和訳における補助動詞の付加の多いことは、日本語文として補助動詞がないと自然ではないという意識が訳者にあるためであろう。特に頻度が高いのは「てくる」と、やりもらい関係の補助動詞である。こうした補助動詞が付加されるのは、補助動詞なしの描写では冷たい感じがするからであろう。our parents took care of us を「両親が私たちの面倒を見た」と訳すことは、話しことばとしてはそぐわないのである。「感じのよい」表現を好む傾向が翻訳文にも及んでいると言わなければならない。

5　終助詞と場
5-1　終助詞

　「感じのよさ」についてもう一つ考察したいのは、文末や句末につける終助詞である。ちょうど英語の tag question などが文末句末にくるのと同じように、日本語では「ね」「よ」「な」「さ」「ぜ」「ぞ」などいくつかの終助詞がある。うち一般に「ね」と「よ」がよく使われる。「な」は独白的な発話に「ああ、寒いな。起きたくないな」などと使い、「さ」は軽い強調などであるが、「ぜ」「ぞ」などは社会性が低いとされ、日本語の教材などにはあまり登場しない。

　「ね」は親愛表現という印象で、英語話者も愛用するが、「よ」は不人気で、特に初級の日本語の教室では、感じがよくないから使ってはいけないと指導したりする。なぜ「よ」は感じが悪いのか。「よ」は自分の意見を強く主張する態度

を表すもので、それ自体に失礼な意味はない。ときには効果的である。患者を安心させるために医者が、

　　大丈夫ですよ。この手術はすぐ終わりますよ。

と使うのは有効である。もし、ここに「ね」を使って、

　　大丈夫ですね。この手術はすぐ終わりますね。

というと患者の意見が期待されているようで、落ち着かない気持ちになるかもしれない。これは「ね」が共感を誘う機能をもつからである。

5-2 「ね」の多用と誤用

　会話の中に出てくる文末では「ね」が多く使われている。人と会って天候の挨拶をするとき、

　　寒いですね。
　　いいお天気ですね。
　　きのうはよく降りましたね。

のように、ほとんどが「ね」で終わっている。賛成するとき、「はい、そうです。結構です」と言うのと同じくらいの頻度で、

はい、そうですね。結構ですね。

のように「ね」をつける。
　筆者の知り合いのアメリカ人で日本文学を大学で講じている人が、日本語はもちろん達者であるが、文末は必ず「ね」で終わるのがいいという思いこみがあるのか、いつも「ね」をつけるくせがあって、

　　キノウワタシハ新宿へ行キマシタネ。
　　——I went to Shinjuku yesterday, you know.

のような発話をしていた。「ね」は相手が情報を共有するという前提に立っているので、聞き手が知らないはずの自分のきのうの行動に「ね」をつけるのは誤用で、聞く人に違和感を与える（ただし、この場合「行きましたね」ではなくて「新宿へ行きましてね」と「て」でとめるつもりであったかもしれない。発音の点でアメリカ人のeがaに近く聞こえることもある）。

5-3　終助詞と場の共有
　「ね」の多用について英語圏の学習者から批判を聞いたことはない。親愛表現として tag question と似たものと受け取り、英語との共通性を感じているのかもしれない。しかし、

上にあげた「キノウワタシハ新宿へ行キマシタネ。」の「ネ」にわれわれが違和感をもつのは、場の共有が使用に必要であることを無意識にせよ感じているからではなかろうか。「ね」と「よ」の違いは、「ね」が聞き手の同感を期待するが、「よ」は期待しないことだと説明される。それは正しいが、もっと正確にいえば、「ね」は場の共有にもとづいて使われるのである。意見を求められて「そうだね、それもいいけど」と言うとき、「ね」は共感を期待するのでなく、同じ場にいて言語活動をしているという意味をもっている。「あれね、よく考えてみたけど」の「ね」は聞き手を場に呼びこむための機能を果しているのであって、同感を期待しているのではない。「ね」には場の共有意識が働くが、「よ」にはそれがないと言える。

　同様に場の共有で説明すれば、「な」はそれがない。「寒いな」は独白だが、「そうですな、そうも言えますな」の「な」は聞き手と場を別にしているから冷淡な印象を与える。「ぜ」と「ぞ」はいわゆる vulgar（卑俗）な語であるが、「ぜ」には場の共有があり、「ぞ」にはない。強盗に「騒ぐと撃つぞ」と言われると肝が縮むが、「騒ぐと撃つぜ」と言われると「この強盗、知り合いだったのか」と薄気味悪い思いをするであろう。

6　「その人」と「あの人」

　「そ」と「あ」の区別は、指す対象との距離でなく、聞き

手が情報を共有しているかどうかである。学習者が、

> キノウ成田ヘ友ダチヲムカエニ行キマシタ。アノ人ハ医者デス。

のような発言をよく口にする。日本人が聞いて違和感をもつのは、彼の「友だち」について情報をもたないからである。「あの」ではなく「その」と言うのだと訂正すると、

> でも、外国から来た人で遠いですから。

のように反論することがある。それは、「あ」は遠称つまり距離の遠い対象を指すのだと信じているからである。
　英訳では通常、「これ」は this、「それ」は that、「あれ」は that over there と訳されるが、that over there は距離的に遠いものとなるので、情報を共有するという意味はない。「あの話ね」と話しかけると、情報を共有している聞き手なら「うん」と応じるが、そうでなければ「え」と聞き返す。話し手と聞き手が共通の情報をもたない場合、つまり共存していない場合は「あ」を使うことができないという点に、日本語の「感じのよさ」には共存意識が強く根付いているのだと言わざるを得ない。この場の共有意識が根底にあって、それが「寄り添い」の各表現に出るのだと考えられる。

7　親愛と共存

　英語の待遇表現の重要な要素が「親愛」であるとすれば、日本語のそれは「寄り添い」あるいは「共存」である。英語で親しみを表すために相手の名前を呼ぶことが大切なのは、話す相手を確認して相手との関係を意識するためである。いっぽう日本語ではそのために相手の名前をいちいち確認する必要はない。極言すれば、相手が誰であるかは問題ではなく、自分と場を共有していることで十分なのである。英語で親しさを示すための呼びかけは相手との関係に確認が必要であるが、日本語ではそうではない。相手は共存者だからである。

第3章　話の展開——対話と共話

あいづちは Interruption か

　私は興味深さを表すように「ハイ、ハイ、あそう、そうですか。あ、本当」のようなあいづちを言いつづきました。漸く彼はうるさがらせてもらって大声で「ハイ、本当だ」と呼びました。どうしてそんなに怒ったか、すぐわかりました。——あいづちのせいでした。なぜかといいますと、英語であいづちをする習慣はありませんから。あいづちをしったら英語国民は interruption 邪魔と感じるのです。

　上は日本語の集中訓練を受けていたアメリカの大学院生の作文である。国からいとこが日本へ訪ねてきたのを迎えて話をしていたが、彼は日本で勉強している間にあいづちを打つ習慣がついていて、英語で話していてもそのくせが出たらしい。「うるさがらせてもらって」は he was annoyed、「呼びました」は「大声を出した」の意味。

第3章 話の展開―対話と共話

1 あいづちは Interruption か
1-1 interruption

あいづちの研究は近年さまざまな言語についても行われ、「あいづちは日本語だけのものではない」という認識が、研究者の間には広まっているようである。しかし、研究者や語学教師でない一般の英語話者にとっては、「あいづちは日本語に特有なもの」と見られていることが多い。あいづちに対して好意的な意見もあろうが、筆者の接した英語話者には否定的な受け止め方が多かった。筆者自身、中年のアメリカ婦人から、

> Why do the Japanese keep interrupting me when I speak Japanese? Do they want me to stop talking because my Japanese is so poor?
> ――なぜ日本人は私が日本語を話すと邪魔をし続けるのか。私の日本語がまずいからやめさせたいのか。

と不愉快な表情で言われた経験がある。

1-2 punctuating every sentence

冒頭にあげた作文の書き手と同じようなことを、国へ帰って実行して人にいやがられたと、別のアメリカ人が報告してきた。国で会社の上司と用談中、突然上司がWilkinson, cut that out, please.（それ、やめてくれないか。）と言い出した

ので Cut out what?（やめろって、何をですか？）と聞くと次のように答えた。

> Cut out punctuating every sentence I utter by nodding your head and mumbling 'Eh,' 'Aha,' 'So so'– or whatever it is you're mumbling. What does that mean, anyway?
> ——ぼくが何か言うたびに、句読点を打つみたいに、うなずいてみたり、「エエ」とか「アハア」とか「ソウソウ」とか、何だかわけのわからないことをブツブツ言うのをやめてくれと言うんだ。いったい、それは何だね。

punctuating とはあいづちを形容し得てまことに妙である。筆者の調査では、日本語のあいづちは平均20字に1回、ちょうど文を書くときの句読点のように打たれている。

1-3 切口上

punctuating every sentence という表現があったが、英語では自分の始めた sentence は自分で終わらせるものだという観念があるようである。それが実行できないような状態になれば interruption と解釈するのも当然である。しかし日本語ではそうした観念はない。むしろ文を自分で終わらせないで相手にあとをまかせる。暇乞いの際などに、「これから回るところがありますから〜」「途中で申し訳ないのですけど

〜」とだけ言って、「もう帰ります」という意味を聞き手にさとらせる。日常のなごやかな話し合いでは、話し手は必ずしも自分で文を完結させない。なぜ文を自分で完成させないか。それは相手に完成させることが適切とされるからである。文の完成は聞き手との共同作業であるべきだという意識が働くので、この態度は歓迎されるのである。たとえば上の暇乞いの場合、

　　私はこれから回るところがありますから、これで失礼します。

のように、全部一気に言い切ってしまうことを「切口上」と言って、日常会話としてはマイナスの評価を受ける。「切口上」については『広辞苑』第五版に「改まった堅苦しい口調。無愛想で突き放したような口のきき方」という説明がある。「無愛想で突き放したような」は興味深い。「突き放す」、つまり、相手を包容しない話し方ということである。

1-4　あいづちと共話

　日本語の日常の話し合いでは、一人が長々と話し続けるのを聞き手が黙って聞くという形は少ない。区切りごとに聞き手が「ええ」「はい」などのあいづちを打つ。ときには話し手が未完にした文を引き取って完結したりする。話し手が「きのう出張で大阪へね」まで言ったあとを、聞き手が引き

取って「あ、いらしたんですか」と文を完結したりする。いわば二人で共同して一つの文を作ったりしながら話し合いを続ける。こういう話し方を1980年に筆者の造語で「共話」と名づけた。「共話」は造語であるが、以来日本語教育関係の研究ではこの用語が使われている例もある。

2　日本語のあいづちと英語
2-1　ラジオ番組から
　頻繁にあいづちを打って、共同作業として文を作っていく日本語の話し方に対して、英語の話し方はどうであろうか。もちろん人により場面によって英語話者の話し方にもさまざまな形があるであろうが、筆者が入手した例を紹介したい。2007年夏のNHKのラジオ番組で、英語ニュースの聞き取りの勉強方法を質問したリスナーに対して、英語話者の講師と日本人講師が答えたものである。

2-2　英語の回答
　リスナーの質問に英語話者の講師が答えたものを示す。書き取って字にするとやや長いが、自然な、かなり速いと思われる話し方で、所要時間はほぼ45秒である。日本人の質問者が聞きながらあいづちを打っている部分をカタカナで記した（最初の .... 部分は音声不明瞭）。

第3章 話の展開―対話と共話

News ... challenge, and I can say from my own experience and/ハイ with studying Japanese through the news, I started with the weather reports/アア and I was able to learn enough vocabularies and was able to prepare for that and then you know, once I did have confidence, then for the other news — one suggestion I could make– that won't work every time, but maybe it's useful for you; it's to choose an ongoing story; for example, if there are elections coming up, and that's something you can prepare for, and may look at some vocabularies and/オオ patterns so that you may talk about the news every day and then it may be easier to follow. So if you try to attack the entire news broadcast, it may seem a little overwhelming, so if you break it down into types of news, types of stories, you may find it easier to follow.

──大意：私が日本語を勉強した経験からいって、ニュースに挑戦することを勧めます。私は天気予報からはじめて語彙を学び、自信を得てからほかのニュースに進みました。お勧めしたいのは、いつもうまくいくとはかぎらないが役に立つ方法として、いまの話題をとりあげること。選挙があればその語彙や文型の勉強をすれば毎日のニュースがわかりやすくなります。ニュース全体を理解しようとすると大きすぎるので、ニュースのタイプや内容によって少しずつ攻略するようにすると楽でしょう。

この発言には45秒間全然ポーズがない。聞き手の日本人質問者は遠慮がちに小さな声で3回あいづちを打とうと試みるが、話し手が全く調子を落とさないので、第1行で and/ ハイと示したようにあいづちと英語が重なって聞こえる。質問者はあいづちを打とうとしているが、話し手はそれを無視して話し続けていくという様子が音調から聞き取れる。この場合は講義のような説明であり、一対一の個人的な話し合いではこの話者も話し方を変えるかもしれないが、とにかく、少なくともこの45秒の間はあいづちを拒否、ないし無視した印象を与える話し方になっていた。

2-3　日本語の回答

2-2の例と比べてほしいのは、同じ番組で日本人の英語講師が助言をしている話し方である。時間を上記の英文にそろえ、ほぼ45秒とした。

> あの基礎英語の（ハイ）のテキストがですね、書店に売っておりますですよね［エエ］これをえーまずはちょっと中をパラパラ見ていただいて（ハイ）ええ、それでえーご自分にとって（ハイ）このへんからやろうかなと思われる番組を（エエ）2、3回聞いてみてはいかがかと思います［ハア］で、聞いてごらんになってですね（ハイ）それであのやはりもう成人ですから（ハイ）少しこうやる気がおこるような（エエ）内容のほうがいいと思いま

すので(エエ)若干難しいと感じられるくらいのものに(ハイ)チャレンジしながらやってったほうがいいと思いますから(ハア)...

かなりゆっくりした話し方で、聞き手のあいづちを待って話を続ける形をとり、音声的に話とあいづちが重なる部分はなかった。この45秒の間に聞き手は10〜12回あいづちを打っている。( )で示したのが文中のあいづちで10回、[ ]は文が終わったあとなのであいづちととらないこともできるが、これも加えれば12回となる。電話や放送のように、相手の顔が見えない場合はあいづちの頻度があがる傾向があるが、この場合は特に頻繁とは言えないであろう。ちなみに筆者の調査ではおおざっぱな平均回数は1分間に10回から20回である。

2-4 あいづちと語句

ではどんな語句のあとにあいづちが打たれているか。2-3の例で見ると次のようになる。下線の部分に注意してほしい。[ ]は文の終わり。

あの基礎英語の(ハイ)のテキストがですね、書店に売っておりますですよね[エエ]これをえーまずはちょっと中をパラパラ見ていただいて(ハイ)ええ、それでご自分にとって(ハイ)このへんからやろうかなと思われる

<u>番組を</u>（エエ）2、3回聞いてみてはいかがかと思います［ハア］で、聞いてごらんになってですね（ハイ）それであのやはりもう<u>成人</u>ですから（ハイ）少しこうやる気がおこる<u>ような</u>（エエ）内容のほうがいいと思いますので（エエ）若干難しいと感じられるくらいのものに（ハイ）チャレンジしながらやってったほうがいいと<u>思いますから</u>（ハア）

あいづちの前の語句を分類してみると次のようである。

「動詞＋て」のあと3回
　　　（見ていただいて、とって、ごらんになって）
「からので」のあと3回
　　　（成人ですから、思いますので、思いますから）
「ですます」のあと2回
　　　（おりますですよね、と思います）
「名詞＋の、を、に」のあと3回
　　　（基礎英語の、番組を、ものに）
「ような」のあと1回
　　　（やる気がおこるような内容）

最も多いのは「て」（見ていただいて）と「からので」であるが、ほかに「名詞＋の」（基礎英語の）のような句や、あとに名詞のくる語句（ような（エエ）内容）まで、実にさま

ざまな語句のあとにあいづちがきている。極言すればどこでも音声の切れ目さえあれば打つのである。このことについては小論「相槌導入語句」[注3]の中でも論じた。

つまり、相手の音声にいくらかでも切れ目があれば、聞き手はすかさずあいづちを打つのである。同じ番組で英語の回答を聞いているのを比べると興味深い。これはここに記したのを見ても、音声の録音を聞いても感じられることで、まさに「話し手が一人で話すのでなく、聞き手も同時に参加して話し」ている印象である。こうした話し方がすべてではないが、この場合のような例はまさに「共話」と言えるであろう。

2-5 あいづちに対する理解

一人が話しているとき、相手は口をはさまずじっと聞くことを建て前としている英語の話し合いと、あいづちの多い日本語のそれをＡＢ二人の図にしてみると次のようになる。

注3) 水谷信子「談話の展開とあいづちを誘導する語句――「共話」の底にあるもの――」『応用言語学研究』No10 明海大学大学院応用言語学紀要 2008年3月

2　日本語のあいづちと英語

```
英　語
    A  _____  _____       _____    _____
    B               _____    _____         _____  ____

日本語
    A  _____  …       ……_____
    B              …  _____  ……_____
```

英語の場合は二人の話者の話が2本の線で表されるのに対して、日本語の場合は聞き手があいづち（…）を打っているので、話し手と一体になっているように聞こえる。「日本人の座談会など音声だけで聞いていると終始一人が話しているように聞こえる」という感想はよく英語話者から聞く。

こうした違いについて、英語話者の理解はこれからいくらか進むとは思われるが、まだまだ一般には、あいづちをinterruptionと受け取る英語話者も多いと思われる。わかりやすく簡潔に英語話者に説明して理解を得るための方法が必要であろう。そこで、次のように説明すればいいのではないかと考える。

> Short answers such as *hai*, *ee*, which are called *aizuchi* are used as a signal to show that the listener is

listening attentively and wants the speaker to go on. Japanese feel uneasy when the listener remains silent without giving *aizuchi*.

Japanese believe, in most cases unconsciously, that a flow of speech is made up not only by the speaker but also the listener who participates by giving *aizuchi*. This is quite different from the Western notion of what conversation should be like. Westerners consider it good manners to keep silent without interrupting the speaker while he is speaking.

——あいづちと呼ばれる「はい」「ええ」などの短い応答は、聞き手が熱心に聞いていて話し手が話し続けるのを望んでいるということを示すための合図として使われている。聞き手があいづちをうたずに黙っていると話し手は不安になってくる。

　日本人は、大抵の場合無意識にではあるが、話の流れというものは、話し手だけでなく聞き手もあいづちをうって参加することによって作られるのだと感じている。これは会話についての欧米の人の考えと全く異なっている。欧米では人が話している間は途中で遮ったりせず黙って聞くのが礼儀とされている。

3　英語の未完文末

あいづちが多いことは、必然的に未完文末が多いことになる（未完全文末について「言いさし」という用語を使うこともあるが、これは「言うつもりのことを中途でやめる」という印象があるためここでは使用しない）。では、基本的にあいづちを打たない英語の場合、未完文末はないのか。「英語を話す場合には必ず complete sentence で」と教育された身としては、「英語には incomplete sentence はないのだ」というような観念を無意識にもつようになっているが、実際に果たしてそうか、検討したい。第1章の資料を使って英語の未完文末の数と性格を考えた。

3-1　未完文末の数

資料では、FW 4、TF 22、LTIO 23、AFT 9、計58で、全体の文数3,872のうち58が未完であった。58 ÷ 3,872 = 0.0149で、文数に対する割合は平均約1.5％となった。資料による違いはFW 0.4％、TF 1.5％、LTIO 3.6％、AFT 1.3％で、多い場合は夫婦の会話の3.6％、少ないのは少年とシャチの映画の0.4％という開きがあった。いずれにせよ日本語の未完文末に比べると微々たるものと思われるが、58例を内容で分類すると、

(A)	途中で相手がさえぎったため	11
(B)	自信がない恥ずかしいなど	29
(C)	相手があとを続けた	11
(D)	相手に対する遠慮など	3
計		58

となった。

3-2　資料の未完文末の性格

(A) さえぎり。緊迫した場面で相手がさえぎる場合。

例　MITCH:　You mean every partner in the firm is...
　　VOYLES:　Every partner knows. We suspect most of associates.　　　　　　　　(TF)
　　——M:　つまり。法律事務所のパートナーは全員…〔Vがさえぎる〕
　　　　V:　パートナーは皆知っている。アソシエイトのほぼ全員もそうだろうと思っている。

(B) 自信がない、恥ずかしい、面倒など。これが一番多い。

例　Not the top five percent. I'm sorry I just ...　(TF)
　　——上位5パーセントではありません。すみませんが、ぼくは…〔大学卒業の成績を聞かれて、ためらっている〕

3　英語の未完文末

例　JOHN: Oh, the reasoning parts are easy, but the facts are...　　　　　　　　　　　　　　　　(AFT)
——理論のほうはやさしいんだけど、事実を覚えるのがね。〔試験の話。別に言いにくくはないが、言わなくてもわかるだろうという口調で後を省略している。〕

(C) あいづちの finish up のように相手の未完の文を引き取って終結させる形。

例　AVERY:　　Now, my particular field...
　　MITCH:　　...is forming limited partnerships through offshore corporation, mainly in the Cayman Island.　　　　　　　　　　　　(TF)
　——A：　さて、私の専門だが…
　　　M：　オフショア、主にケイマン諸島の法人を通して合資会社を作ること。〔これは上役が言いかけたことを引き継いで、サービスしている形であるが、例は少ない。〕

例　DAVID:　　The girl he went with in high school is now married to my uncle–his brother.
　　FATHER: We were...
　　DAVID:　　Rivals.　　　　　　　　　　　　(AFT)
　——D：　お父さんが高校のときデートした子は、いま、おじさん、つまりお父さんの兄さんと

73

第3章　話の展開―対話と共話

　　　　　　　　　結婚してるんだ。
　　　F：　二人は…
　　　D：　ライバルだったわけさ。

上のようにかけあい漫才を楽しんでいるような例もかなりあった。finish up は日本語だけのものではないと言わなければならない。しかし、筆者の接した英語話者の多くが日本語について驚きをもって指摘したということは、日本語のほうが頻度が高いか、英語話者がその存在に気づいていなかったかである。ただこの資料では待遇性のあるものは少なかった。

(D) 遠慮からためらう。これは数は少ない。
　例　JESSE：　I've got it. First rule is uh...
　　　GLEN：　What?
　　　JESSE：　You have to give me an allowance every week.　　　　　　　　　　　　(FW)
　――J：　そうだな、えーと…
　　　G：　なんだって。
　　　J：　毎週こづかいをくれること。〔浮浪児の Jesse が引き取ってくれる Glen に希望をたずねられ、さすがに言いにくいのでためらう〕

3-3 資料の未完文末の性格

　この資料に関する限り英語の未完文末は意外に多く、英語が必ずしも完全文ばかりではないということは言える。finish up もかなりの例が見られた。ただ、未完の理由で最も多いのは自信がないことで、ためらいや遠慮からくるものは少なく、また日本語のあいづちの場合のように話の進行につながるものは見られなかった。この資料の文数の 3,872 のうち 2,485 の 64％は映画であるから、日常会話を十分に反映していると言えないかもしれない。

4　日本語の未完文末
4-1　未完文末と「から」「けど」

　あいづちは 2-4 で見たようにさまざまな語句のあとに入るが、「から」や「ので」のような接続表現が比較的多かった。実際の言語行動では特にこうしたものが頻繁に使われる。

　たとえば相談を始めるときなど、「そろそろ始めましょうか」と一人が言ったとき、「そうですね、みんなそろいました」と言うより、「そうですね、みんなそろいましたから〜」のように文末に「から」をつける。「よく間に合いましたね。たいへんだったでしょう」と言われて謙遜するとき、「でも、あんまり出来はよくないんです」という場合もあるが「でも、あんまり出来はよくないんですけど〜」のように「けど」のついた文末で受けることも多い。このような用法について英語話者が不可解と感じるのは、「から」は because

「けど」は but と考えることが原因となっている。「から」と「けど」の用法を検討したい。

4-2 「から」と because

人を誘う場合など日本語では、

> 今度の土曜日にうちでパーティーをしますから、来てください。

などと言うが、日本語を学習した英語話者は言い方が異なることが多い。

> 1) 今度の土曜日にうちでするパーティーに来てください。

と1文にしたり、

> 2) 今度の土曜日にうちでパーティーをします。来てください。

と2文に分けたりする。この誘いを英語ですとすれば、

(a) Would you come to the party we're having at my house next Saturday?

(b) We're having a party next Saturday. Could you come?

となるが、(a)の1文のほうが自然に聞こえると言う。これは日本語の1)にあたり、(b)の2文は日本語の2)にあたるが、いずれの場合も英語話者は「から」を使わない。これは「から」を because と同じように考えたためであろう。becauseは論理的な結び付きを示すため、誘いや命令を導く文や節(clause)の前には使われないので、ここに because を意味する「から」は使わないのだ、と英語話者は考えたと思われる。

　日本語教材の中に、

　　散歩に行くなら、帰りでいいから、りんごを買ってきてください。

という文があった。一人の学生が「「帰りでいいから」ということは、りんごを買ってもらう理由ではない。なぜ「から」を使うのか」と質問した。筆者は「行きに買うと荷物になるから帰りでもいい」という配慮を示したのだと説明したが、十分納得したかは疑問である。「～でいいから」が依頼に多いことは、配慮表現であろうと考える。

4-3 小説の英訳に見る「から」「けど」

谷崎潤一郎の『蓼喰う虫』（*Some Prefer Nettles*）を、サイデンステッカー（E. G. Seidensticker）が英訳したものの一部を参考に紹介する（表記は一部簡略化した）。

> 「そこにつないでおいてちょうだい、今すぐ下へ見に行きますから」
> 彼女はざっと朝の風呂に浸かってからベランダへ出た。
> 「どうなすったの、もう御飯はお済みになったの？」
> 「済んじまったよ。待ってたんだがなかなか起きそうもないもんだから」
> 夫は片手で茶碗を空にささげながら、膝の上にある本を見て茶をすすった。
> ——"Leave your dog there. I'll be right down."
> She came out on the veranda after a quick morning bath.
> "Have you eaten?"
> "Of course. We waited and waited, but you showed no sign of getting up." Kaname took a sip from the teacup in his right hand and turned his attention back to the book.

「から」が２度使われているが、その部分の英訳には直接の訳語がない。こういう文末の「から」は理由を示すとは言

えない。しかし、もしこの「から」がなく、「見に行きます」「起きそうもない」としたら、かなり無愛想な感じになるであろう。

「けど」についても、同じ作品の英訳に次のような部分がある。

> 美佐子は両方の手で輪を作って犬の顎と自分の顎とを測り比べた。
> 「でもあたしより太いんだわ。長くてきゃしゃなもんだから、細いように見える<u>けれど</u>」
> ——Misako took first the dog's throat and then her own in her hands.
> "His is bigger. It's because he's so long and thin that it looks smaller."

この場合も文末の「けれど」にあたる英語は見られない。

4-4 「から」「けど」の英訳

日本語の文を英訳する場合、「から」や「けど」などがどう訳されるかを見るために、筆者は2000年に日本語教材の英訳と英会話の記録の和訳について調査した[注4]。日英とも約

注4) 水谷信子「日英語の談話の展開の分析——話しことばにおける接続表現を中心として——」『応用言語学研究 No 2』明海大学大学院応用言語学紀要 2000年3月
　引用例の出典（提出順）
　「中級」＝水谷信子『総合日本語中級』凡人社　1987

第3章　話の展開―対話と共話

1万語である。「から」など（ので、ですもの、もんだから、など）は日本語文中に138あったが、because その他に訳されたのは58、総数の42％、4割ほどで、ほかは訳語がないか意訳であった。下に訳語のないものの例をあげる。

　　例1　ウオなんて、めったにお目にかかりません<u>から</u>ね、
　　　　　釣りにでも行かなくちゃ。　　　　　　　　（中級）
　　──　You can hardly ever see an actually living fish "uo."
　　　　To do so, you need to go to fishing.

この場合「から」は、特に何かの事実や理由を述べるより、生きた魚を見る機会の少ないことを強調するために使われている。強調には次のような訳もあった。

　　例2　私お魚はきらい。だって、くさいんです<u>もの</u>。
　　　　　　　　　　　　　　　　　　　　　　　　（中前）
　　──　I hate fish. They're <u>just so smelly</u>.
　　例3　A: そんなに紙がたまってしまうんですか。
　　　　　B: ええ、なにしろ毎日の新聞におりこみ広告がたくさん入っているし、ダイレクトメールは来るし、まるで紙の洪水です<u>から</u>ね。　（中級）

「中前」＝水谷信子『総合日本語中級前期』凡人社 1989
「新聞」＝水谷修・水谷信子『改訂新聞で学ぶ日本語』ジャパンタイムズ 2007
「AFT」＝水谷信子『American Families in Tokyo』ジャパンタイムズ　1968

---- A: You accumulate that much paper?
　　B: Yeah. At any rate, with newspapers inserts every day and the junk mail that arrives, it's just a flood of paper, you know.

例2の「くさいから」は just so という強調の語句で表され、例3の「紙の洪水ですからね」の「から」は you know という同感を招く表現で訳されている。さらに興味深いのは、「から」が自分の主張の理由でなく、相手の発言に理由を示す場合で、これが訳出されない70のうちの4分の1近くを占めていた。

　例4　A:〔国際収支が黒字である話をして〕でもわれわれにはあまり関係ないですよ。
　　　B: そうです。貿易は黒字でも、われわれの家計のほうは赤字ですからね。　　　　　（新聞）
---- A: But it has little to do with us.
　　B: Right. Although international trade may be in the black, our household finances are in the red.

この例は相手の文を補強する形で、話し合いの進行をうながすための機能を担っている。

4-5 「けど」の英訳

　「けど」「でも」「が」を合わせた総数 156 にあたる英語は、but 79、though 12、その他 15、あわせて 106。訳出されないものは 50 で、約 32％にあたる。

　　例 5　ぼくはどうせなまけ者だから、ちょっと本気にできないだろう<u>けど</u>。　　　　　　　　　　（中級）
　　　── I'm a sort of a lazy type, so you might not take me all that seriously.

次の会話文の「けど」は明らかに話し合いの進行をうながすための機能を担っている。

　　例 6　A：もしもし、いま、いい？
　　　　　B：あ、君か。なんだい、こんなにおそく。
　　　　　A：べつに用はないん<u>けど</u>。
　　　　　B：うん。
　　　　　A：昼ごろ古本屋をまわって、ちょっとスーパーで買い物をして帰ったん<u>だけど</u>。
　　　　　B：うん。　　　　　　　　　　　　　　（中級）
　── A：Hello? Is this a good time to talk?
　　　B：Oh, it's you. And so late–what's up?
　　　A：Nothing in particular, actually.
　　　B：Mm.

A: Around noon today I checked out the used bookstores, then made a few purchases at the supermarket. Then I went back home.
　　B: Mm.

「けど」が2回使われているがいずれも話の展開に寄与し、相当する英語はない。

4-6　「から」「けど」などの和訳付加
　日本語を英語に訳すとき、「から」「けど」にあたる訳語が使われないと同時に、英語の文に because などがないのに日本語訳で「から」「けど」が付加されているものが訳例の半数に近いということは、注目すべきことである。

　　例7　I never went around examining my parents or grandparents from a hereditary point of view.
　　　　　　　　　　　　　　　　　　　　　　　　(AFT)
　　——　ふたおややおじいさんたちを遺伝の立場から調べてみたことなんてありませんからね。
　　例8　I don't know where she gets them.
　　　　　　　　　　〔them は難解な単語〕(AFT)
　　——　どこから覚えてくるのか知らないけど。

つまり、原文になくても日本語では文末に「から」や「け

ど」をつけたほうが自然であると訳者が考えることが多いということで、この考えは取りも直さず、「から」「けど」類の談話の進行に果たす役割の強さをものがたっている。

4-7　接続表現と談話の展開

　これまで見たように、日本語の会話の文には「から」や「けど」を理由や逆接の提示という、いわば一文内の語句の関係を結ぶ機能のほかに、話し合いの進行をたすけるという機能を担っている場合が多く、そうした機能をもつ「から」や「けど」は英訳されないことが多いし、英文にない場合も和訳のときに付加されることが多い。こうした接続表現が未完文末のあとに頻繁に使われるということは、いわば文の前半を自分で言って後半は相手にゆだねるという態度の現れである。

5　談話の展開に見る日英の意識

　あいづちの多用は、話し手と聞き手の文づくりを共同作業と見ることで、共同作業は「寄り添い」の意識の現れであると言える。それに対して英語の談話の展開では、相手が話す間はじっと待つ態度を大切にする。それは相手を他者と認めて尊重することである。談話の展開における待遇表現の重要な要素は、英語は「尊重」であり日本語は「寄り添い」であろう。話し合いの場で日本人が寄り添いの意識を表面に表すと、英語話者は自分の権利を尊重されず侵害されたとして

interruption と感じることになる。

　第2章の終わりにも述べたように、英語の待遇表現の重要な要素が「親愛」であるとすれば、日本語のそれは「寄り添い」あるいは「共存」である。英語では相手との関係を意識するため呼びかけによって話す相手を確認するが、その必要はない。極言すれば、相手が誰であるかは問題ではなく、自分と場を共有していることで十分なのである。

第4章　言語行動の対照

　第1章から第3章までで、日英の待遇表現の基本的な意識とその現れを考察した。こうした意識が実際の言語行動にどう反映しているかを第4章・第5章で見たいと思う。特に第4章では日英の言語行動が対立する場合に重点をおいてとりあげる。

　休憩時間にL君が講師室に入ってきた。アメリカの有名大学に在籍する頭脳明晰で成績優秀な学生である。長身でスマートな彼が一人の日本語教師のすぐそばまでつかつかと歩み寄ると、直立不動の姿勢で、

　　先生、お忙しいところまことに恐れいりますが私の書いた作文をごらんになって直していただけないでしょうか。

という長い文を息も継がず一気に述べたてた。その見事さに、頼まれた教師もそばにいたほかの教師たちも一瞬息を飲むような雰囲気であった。

第4章 言語行動の対照

1 依頼表現の比較
1-1 sounding hesitant

　L君の依頼表現は文も正しく語句も丁寧で口調も流暢で、言語的にはりっぱなものであったが、聞いた相手は「はい、いいですよ」と身をのりだすどころか、ちょっと身を引いてかまえてしまうような圧迫感を受けた。これは日本人に「感じよく」受け取られる依頼の方法ではない。なぜか。どうすれば感じのよい日本語の依頼になるのか。日本語だったらどうか。まず先生に呼びかけて返事を待つ。次に手間をとらせることをわびるだろう。

　　学生：あのう…
　　教師：はい。
　　学生：お忙しいところを申し訳ありません。
　　教師：いや（いえ）

次に依頼の話題を述べる。

　　学生：私の書いた作文のことなんですが…
　　教師：うん（はい）

教師の応答を得てから本題を述べる。

　　学生：ちょっと見て、直していただけないでしょうか。

教師：ああ、いいですよ。

L君の言い方の直接的圧倒的なのと反対に、遠慮がち、ためらいがち（hesitant）な依頼になるであろう。

1-2　lack of skill

　これを英語で言ったらどうなるか。アメリカ人学生Smith君に頼んで実験台として教師になってもらい、筆者が学生になって英語で話しかけてみた。まず、

　　　Mizutani：Professor Smith...

と敬意をこめて呼びかけると、教師役になったSmith君は、

　　　Smith：Yes?

とそりかえって答える。筆者は笑いをこらえて、

　　　M：I'm very sorry to trouble you when you're busy ...

まで言って反応を待ったが、Professor Smithは何とも言わない。日本人の教師であったら「うん」とか「ええ」と応じてくれるところであるが、黙っているので、ちょっと見当が違った。勇気を出して、

89

第4章　言語行動の対照

　　M：This is about a composition I wrote...

と言ったが、依然、Professor Smith は何も言わない。日本人の教師であったら「うん」とか「ええ」と応じてくれる。あるいは親切な教師なら、「ああ、見てあげましょうか」と先方から申し出てくれるかもしれないが、それがない。絶望的である。気をとりなおして、

　　M：Could you take a look at it and correct it?

とおそるおそる言ってみると Professor Smith は、

　　S：Oh, certainly.

と、にこやかに手を出した。こんなに親切なら、はじめにあんなにこっちをハラハラさせることはなかったじゃないかと思ったが、実験は終わった。そこでこういう頼み方は英語でどうだろうかとたずねたところ、Smith君は言下に、

　　Lack of skill.

と、にべもなく答えた。このような、おずおずとためらいがちに相手に近づいていく方法は、英語としてはだめであっ

た。これはちょうどL君の丁寧・流暢で堂々とした日本語が、「感じよく」受け取られなかったことの裏返しである。

1-3 open to a direct refusal

あとでアメリカ人の女子学生にたずねてみると、依頼の場合、語句を丁寧にし、

> I'm very sorry to trouble you, Professor.
> Could you kindly correct this composition?

と二つの文を続けてはっきりと言って、黙って答えを待つのが英語として適当だと言った。さらに加えて、要求はためらわずにはっきりという、つまり decisive（決然としている）であることが高く評価されると言い、その理由を彼女は次のように説明した。

> Because it shows that the speaker is honest and above board, trying to hide nothing, and is open for a direct refusal.〔above board ＝ 公明正大〕
> ――なぜかというと、話し手は正直で公明正大で、何事も隠そうとせず、きっぱりと拒絶されてもいいという覚悟を持っているということを、示すからです。

最後の部分の open for a direct refusal. という点がおもしろ

い。つまり、はっきり拒絶されることに応じる覚悟があるということである。こうなると日本語風の hesitant な調子はその覚悟のない、意気地のない態度として、評価が低くなるであろう。

2　場づくり
2-1　話しかけの step

　L君が日本人に感じよく思われなかった一つの原因は、手順として話の場をつくることを省いたためである。人に話しかけるときの手順を考えると、

　　1) 場づくり
　　2) 話題づくり
　　3) 話題実行

の3段階がある。たとえば知らない人に話しかけて道を聞く場合、

　　You:　　　あのう、
　　Stranger: はい。
　　Y:　　　　すみませんが、
　　S:　　　　はい。(あるいは無言)

までが場づくりで、相手を話し合いの場におく。2) 話題づ

くりはこれから言うことがどんな内容のことか、相手に心の準備をさせることである。これがないと唐突（abrupt）になる。

  Y: 中野駅へ行きたいんですけど、
  S: はい（あるいは無言）

最後に、3）話題実行がくる。

  Y: どう行ったらいいでしょう。

　以上はもっと簡略化されることもある。1）場づくりが「あのう、すみませんが」と休みなく続く場合もあり、2）話題づくりと3）話題実行が一緒になって「中野駅へ行きたいんですけど、どう行ったらいいでしょう」と続く場合もある。だが、教師に添削を依頼するような場合なら、1）場づくりを十分に行うために、「あのう」だけでなく、

  お忙しいところ、まことに恐れいりますが

などが必要である。そこで応答を得てから、2）話題づくりとして、

  私の書いた作文のことなんですが...

などを、3) 話題実行の前に入れる。訪問の手順を例にとれば、

　　1) 場づくり　　2) 話題づくり　　3) 話題実行

のようになる。1) で玄関でベルを押し、2) でドアの前でノックし、最後に3) で戸をあける、といったように手順を踏むことが必要になる。L君の場合、言語表現は丁寧であっても、こうした手順を無視して切れ目なく続いたため、丁寧さが感じられなかったのである。こうなると語句の丁寧さよりも手順の踏み方のほうが問題になる。

　英語の場合も礼儀として丁寧な語句で話しかけることが求められる。会話教本などに、呼びかけとして、

　　——Excuse me.

などが示されている。これは、1) 場づくりに相当するものであろう。2) 話題づくりについては、言及のない会話教本もあるが、

　　——I'm afraid I'm lost.

などと状況説明をするのが話題づくりにあたる。3) 話題実行については、

——Could you tell me the way to ...?

などが一般的である。日本語の step と似ているが、場づくりに費やす手間は日本語より少ないように思われる。

2-2　場づくりの努力

　日本人が話を始める前の前置きが長いという印象を英語話者に与えるのは、場づくりに時間をかけるべきだという観念が強いからである。「じつは」と言って話題を切り出す前の話が長いことについて、非能率的だと感じる英語話者にはこう説明したい。

　　Some people might think that what is said before "jitsu-wa" has no substantial meaning. This is true in a sense, but these preliminaries actually serve an important purpose in communication.

　　Most Japanese feel it necessary to spend considerable time and energy in building good relations with someone before discussing business with him.
　——「実は」の前に使われることばは実質的な意味をもたないと考える人もいるだろう。それにも一理あるが、こうした前置きは実際にはコミュニケーション上の重大な目的をもっている。
　　たいていの日本人は、仕事の話に入る前に、相手との

良き人間関係を築くためにかなりの時間と労力を費やすべきだと感じているのである。

これは仕事の話に入る前の場づくりについて述べたもので、この場合はかなりの時間を費やすものであるが、本質的にはさきほどの依頼の場面と違いはない。場づくりは、学生がhesitantに「あのう、先生」と呼びかけて答えを待つだけのことで達成されるものである。L君の場合、「先生」と言ってはいるが、hesitationがなくポーズがないために、場づくりが行われない結果になったのである。あるいはL君の場合、同じ教育機関の人間ということで場づくりは必要ないと思ったのかもしれない。

2-3 speaker-listener distance

L君が「つかつか」と教師のすぐそばまで近づいたことも、評価されない点であろう。どのくらい人に近づくのがよいか、それは人間関係や物理的状況によって変わってくる。英語は握手の距離、日本語はお辞儀の距離と言われるが、一般的に言って英語話者のほうが距離は短いようである。

また距離だけでなく近づく運動の方法も問題になる。「つかつか」という強い意志にもとづいた一直線の動きは、相手によっては「感じよさ」よりは「脅威」になりかねない。

2-4 hesitant と寄り添い

実験で水谷（筆者）演じる学生が、

M: I'm very sorry to trouble you when you're busy...

とか、

M: This is about a composition I wrote...

と言ったときに、Professor Smith は silent でいたが、日本語では「いえ」とか「いえ、いいんですよ」とか「じゃ、見てあげようか」と助け舟を出すであろう。なぜ助け舟を出すか。それは「寄り添い」ではなかろうか。教師は学生が話しやすいように応答し、学生は教師が寄り添いやすいように文を切って待つ。寄り添いと sounding hesitant（ためらいがちにものを言うこと）は密接に結び付いているのだと言いたい。

3 explanation vs. apology
3-1 Let me explain.

英語のドラマを見ていると、Let me explain. という表現をよく耳にする。基本的なことから説明するという態度が英語話者の身についていると感じられる。

やや古い例であるが、テレビドラマ *Bewitched*（奥様は魔

女）の中で、Samantha の幼い娘が、公園でよその子が持っているぬいぐるみを魔法で取ろうとしたのだが、その子の母親にとがめられ、弁解を始めるとき、

> Please let me explain. You see, that was just an accident. Maybe "accident" is not quite the right word.
> ――説明させてください。おわかりのように、あれは事故だったのです。「事故」ということばは本当にはあたらないかもしれませんが。

と始め、延々と続ける。魔法の話であるから、説明はつきにくいのであるが、それでも Please let me explain. という表現がおもしろい。この表現は映画「刑事コロンボ」でもたびたび登場するが、ふきかえでは「説明します」とは直訳せず、「じつは〜」などとなっている。この Let me explain. は日常的に使われるそうであるが、日本語では「説明します」と言わない。

3-2　explanation vs apology

　筆者の経験であるが、大学の日本語の授業にだいぶ遅れて来た留学生がいた。授業の予定に彼女の参加が組まれていたので、遅刻はかなりの迷惑をほかの学生に与えたが、彼女は悠然と入ってきて、

I'm sorry I'm late.

と一言詫びただけで、あとは遅れた理由の説明を誤用だらけの日本語で始めた。それが終わるのを待って筆者が、「日本では恐縮して詫びることが第一で、遅れた理由の説明は簡単にすませるのだ」と注意すると、彼女は猛然と反論した。「もし説明が十分でないと先生は自分が授業を軽んじたと不愉快に思い、先生と自分の人間関係が危うくなる。そんな重要な説明を簡単にせよとは何事か」というのである。感心したのは説明に対する彼女の情熱の強さであった。もし日本人の大学生が英語の社会で同様な場面におかれたら、不十分な英語力で敢然と explanation に立ち向かうか、つたない語学力の心配もあって、あっさりあやまってしまおうとするのではないかと感じた。

　日本の社会では自分に有利になる説明をすることを、「弁明」や「弁解」として低く評価する傾向がある。弁明に相手の時間をとるよりは謝罪してしまう。explanation より apology という結果になりやすい。国際化が進んで説明の必要な場面が多くなれば、こうした傾向は少しずつ変わっていくであろうが、現在ではまだ explanation 意欲は強力とは言えないのではなかろうか。

3-3　enjoy disagreeing

　遅刻の説明に限らず、発言したり、自分の意見を述べるこ

とについて、日本語の社会では積極的でないようである。会議などで特に意見を求められなければ沈黙しているということは許される場合が多い。アメリカからのある留学生がこういう感想を筆者に寄せた。

> At formal parties, we often see English speakers discussing things, often disagreeing about various matters; they even seem to be enjoying disagreeing. On the other hand at gathering of Japanese, people seldom disagree — or at least they don't enjoy disagreeing.
> ——あらたまった会合で英語話者がさまざまな事柄について議論したり、反対したりしているのをよく見かけるが、相手に反対するのを楽しんでいるように見えることも多い。ところが日本人の集まりでは、反対することはめったにないし、少なくとも反対することを楽しむということはない。

おもしろいのは enjoy disagreeing という表現である。もちろんごく親しい間では日本人どうしでもどんどん反対もするであろうが、一般に社交の場では反対はあまりしない。反対を楽しむという意識は少ない。これは英語の社会では相手は別の人格という意識が強いのであろうが、日本語の社会ではむしろ相手に同意するのが快いのではなかろうか。

　問題が生じたとき、説明に相手の時間をつぶすよりは、詫

びて関係をよくしようという気持ちがある。これは同質の社会になれた人間の意識かもしれないが、ここにも「寄り添い」をよしとし、期待する態度があるのではなかろうか。社会が変化すれば変わっていくかもしれないが、説明を重んじる意識は、長い時間をかけなければ日本語の社会には定着しないであろう。

4　thanking and apology
4-1　so many *shitsureis*

あるアメリカ人が日本では so many *shitsureis* が必要だと言った。shitsureis は「失礼」のことである。人の事務所あるいは仕事部屋、あるいは先生の研究室をたずねるときを例としてあげているのを書き留めて、apology の多いことに驚くと言った。戸をあけて部屋に入り、勧められた椅子にかけ、用談し、辞去するまで何回も「失礼」を繰り返すと言っている。まず部屋に入るとき、入り口で「失礼します」と言う。

(1) Shitsurei-shimasu.
This literally means "I'm going to be rude enough to enter the office".
——これは文字通りには「私はこれから事務所に入るという失礼な行動をとります」という意味である。

次に室内で相手に近づいて挨拶する。

> (2) Senjitsu-wa shitsurei-shimashita.
> which literally means "I was rude the other day when we met."
> ——文字通りには「先日お目にかかったとき失礼な行動をとりました」という意味である。

次に椅子を勧められ、かける前に「失礼します」と言う。

> (3) Shitsurei-shimasu.
> meaning "I'm going to be rude enough to sit down."
> ——「失礼にも腰を下ろします」という意味である。

最後に辞去するとき、「失礼しました」と言う。

> (4) Doomo shitsurei-shimashita.
> "I have been rude enough to take your time. Now I'm leaving."
> ——「失礼にもお時間をとりました。これでおいとまします」

　この4回の「失礼」の訳は直訳で、実際は次の英語にあたる。

(1) Excuse me.
(2) Hello, how are you?
(3) Thank you.
(4) Good-bye.

日本語では「失礼」一語ですませるところが、英語では全部違う表現になっているところがおもしろい。書き出したのを見ると、まさかそんなに失礼を連発してはいないと感じるかもしれないが、実際はほぼ同様のことが行われている。日本人が日本語の習慣にひきずられて、英語の場面で Excuse me. を連発したら奇異に思われるであろう。しかし、それにしても「失礼」は便利かつ万能の一語である。

4-2　*sumimasen* vs. thank you

　日本人がよく「すみません」と言うのを聞いて、これは apology ならどうして thank you. のかわりに使われるのだろうと疑問をもつ英語話者もいる。「すみません」はときには感謝の表明によく使われるが、「ありがとう」とどう違うかについて、次のように説明してはどうであろう。たとえば you が訪問先の Mrs. Tanaka にお菓子などの手土産を渡したとき Mrs. Takada は「すみません」と言ったが、6歳の息子は「ありがとう」と言ったとする。

> *Sumimasen* is used to express gratitude when one feels that one does not deserve a kindness or when one didn't expect it. When you gave her son a present, Mrs. Takada said "Sumimasen" because she had not expected it (or was not supposed to expect it). If she had said "Aarigatoo-gozaimasu," it would sound as if she had expected it.
>
> ──「すみません」は、自分がその好意に値しないと感じたときや、その好意を期待しなかったときに感謝を表すのに用いられる。高田夫人の息子に手みやげを渡したとき夫人が「すみません」と言ったのは、それを期待しなかった（あるいは期待すべきでなかった）からである。もし彼女がそのとき「ありがとうございます」と言ったとしたら、まるで期待していたかのように聞こえたであろう。

小さい子どもは favor に対しいつでも「ありがとう」でいいが、おとなは「ありがとう」と言うと当然のように聞こえるので、期待すべきでない favor に恐縮するという意味で「すみません」という、という説明である。ときにはもっと軽く「すみません」を使うかもしれないが、本来は相手に負担をかけたという自責の念あるいは詫びる心が入っている。ここでおもしろいのは、4-1 の so many shitsureis と同じように、日本語では「詫び」と「感謝」が非常に近い関係にあるとい

うことである。「すみません」より丁寧な「おそれいります」も同じようである。

4-3　thank you for 〜

　日本語でわびる場面で、英語は感謝の表現をとることはすでに観察したが、thank you の使い方で日本語と違う点として「何についての感謝か」を言明する習慣がある。これは general（一般的）より specific（個別的）を重んじる意識の現れであろう。

　　Thank you for your time today.
　　Thank you for your help.

などと for 〜を使って感謝の内容を伝える。これが日本語の場面に適用されて、

　　時間を使ってくれてありがとう。
　　手伝ってくれてありがとう。

といちいち言われると、意図はありがたいがちょっとうるさい感じがする。と同時に日本人が英語で礼を述べるときにこうした for 〜が欠けるために、英語話者にはものたりない印象を与えるであろうと思われる。

4-4　thanking one's seniors

　講義や説明を受けて礼を言うとき、日本人は一般にその講義や説明の内容について言及はしないが、英語では次のように、

Thank you for your $\begin{cases} \text{interesting lecture.} \\ \text{clear explanation.} \end{cases}$

You fully answered my question. Thank you.

と具体的に感謝を表明する。これを英語話者が日本語にそのまま置き換えて、

　おもしろい講義ありがとう。
　明快な説明ありがとうございます。

などとしたら失礼にあたる。interesting つまり、おもしろいという評価には、敬意が含まれないため目上の言動や作品には使いにくい。「明快な説明」も敬意が感じられない。では日本語では何と言えばよいのか。要するに評価の入った謝辞は敬意を伴わないので、「勉強になりました」とか「感銘を受けました」のように自己に引きつけて謝辞を述べることになる。

4-5　You have clarified it.

　人をほめることについて、日本の社会では弱者つまり幼い子どもや障害のある人をはげますためにほめることはよしとされるが、そうでない者をほめることは難しい。英語のほうが自由であるらしい。教師に対し学生が「先生、よく教えました」ということがたびたびであるのは、教師を自分に近いものと見ていることもあろうが、相手に対する親愛の気持ちであろう。あるとき、日本の古典文学を専攻しているアメリカ人学生の質問に答えたあとで、

　　あきらめました。

と言われたことがある。ちょっとびっくりしたが、しかし話を聞いてみると、これは「あきらめた」＝面倒なので投げだした、つまり give up の意味ではなく、

　　You have clarified my question.

だった。つまり説明に納得したということであった。clarify（明らかにする）という語に古典語の「あきらむ」をあてたものである。日本語で「よくわかりました」と礼を述べるところであるが、英語の You have clarified it. は、明確な感謝と同時に相手の努力に対する評価が入っている。相手を評価するという姿勢が compliment、つまりほめことばにつなが

るのだと言える。英語では授業が終わったとき学生が教師にcomplimentを含めて、

 Thank you for your interesting lesson.

と礼を言う。これを日本語に直訳して、

 先生、よく教えました。

と言って、日本人教師に違和感を与えることになる。筆者が外国人の聴衆に英語で講演をしたあと、一人の女子学生が、

 I'm proud of you.

と言ってくれた。「先生、よかった」という意味であろうが、日本語では教師にこのようなことが言いにくい。自分の立場から感謝を述べることになる。目上の人間を評価しないという習慣が強いのである。アメリカ人学生の間には教師に対する高い評価を伝えたいと願う人が多く、日本語では不適切だと言うと残念がる声をよく聞いた。

5　wishing good luck
　英語には相手の幸せを願う表現が多いが、日本語では少ないと思われる。

5　wishing good luck

Have a good time.

Have a good day.

Have a nice weekend.

Have a nice trip.

は日本人の間でもよく理解されているが、これを日本語で言うことは難しい。ときに、Have a good time を「楽しんで（いらっしゃい）」などと言うが、「楽しむ」はまだ文語的であろう。「よい週末を」はもう定着したようである。「よいお年を」が以前から使われていたので浸透しやすいのであろうか。

　日本語ではこうしたことが言いにくく、

　　お気をつけて。

のように安全を祈念する。危険や災難を予期する否定的な意識が根底にあるのかもしれない。

　ただ、英語の wishing good luck に感動して、こういうポジティブな表現が日本語に乏しいことを残念に思っていた筆者が、冷や水をあびせられたような経験をしたことも事実である。あるアメリカ人と共著で本を出す仕事に関連して電話で相談していた。一つの問題にけりがついて、さて次にと思ったとき、彼に、

第 4 章　言語行動の対照

> Well, Mrs. Mizutani, have a very pleasant evening.

と言われて、あわてて話をきりあげた。文字通りには「楽しい夜をお過ごしください」であるが、実際は「じゃ、もうこのへんでやめてくれ」という意味であった。

　これは個人的な用法かもしれないが、挨拶は文字通りの意味ばかりではないということである。日本語の「お気をつけて」が、文字通りには相手に対する愛情が含まれていないとしても、音声などに心をこめた印象があれば、英語の have a nice 〜に劣らず相手を元気づけるであろう。

6　general vs. specific
6-1　何の favor?

　日本語の「どうぞよろしく」という挨拶について、「何についてよろしく頼んでいるのかわからないので「こちらこそ」と言うのは不安だ」と言ったアメリカ人がいる。これは、感謝するとき thank you だけでなく、for 〜を用いて何についての感謝かを明らかにすることと共通している。つまり、一般的にものを言うのでなく個別的にはっきりさせるという態度である。

6-2　ほど・ばかり・ぐらい

　最近はスーパーで値段の明示されたものを買うことが多く、肉などを計ってもらって買うことがあまりなくなった

が、以前は肉屋で主婦が「赤味を200グラムほど」と言って買ったり、八百屋で「ねぎ、2、3本」と注文したりして買った。こうした概数を使うことについて、あるアメリカ人の学生が「秤の性能が悪くて、正確に計れないから、「ぐらい」や「ほど」を使うのだろう」と皮肉を言った。またあるとき皮肉屋の学生が、

> 先生、日本の小学校では1たす2は3と言わないで、1ぐらいたす2ほどは3ばかりと言うのでしょうね。

と言ったことがある。

考えようによっては、こうした皮肉は事実の核心をついている。つまり、正確さや客観性が要求される場面では「ぐらい」「ほど」「ばかり」は使われない。銀行の窓口で現金をひきだすときなど、「10万円ぐらい」とは言わない。概数を使うのは正確な数量を要求することを相手への配慮から控える場合である。つまり配慮表現なのである。英語でも何か頼むときは、

> a couple of dollars
> a few days

のような概数を使う。日本語ではその使用頻度が高いのではなかろうか。少なくとも、正確な数をなるべく使わないほう

がおとなっぽい言い方だという漠然とした意識があるように思われる。この根底には正確な数で相手を追い詰めてはならないという配慮が、無意識かもしれないが働いている。

第5章　言語表現と対人関係

　　主人がお世話になっております。

　日本人の友人の妻からこう感謝されてとまどった、あるいはこういう挨拶のやりとりを目撃したアメリカ人の学生から、なぜこんなことを言うのか、という質問をよく聞いた。この文を文字通りに英訳して、

　　My husband is always taken care of by you.
　　Thank you for taking care of my husband.

などと言ったら、この人の夫は自分で自分の身の始末ができない無能力者かと思う、という感想も聞いた。これは直訳だから、

　　Thank you for your kindnesses to my husband.

と言ったらどうかとたずねると、意味はわかるが、そんなことを言う必要はないのではないかという反応が返ってきた。

第5章　言語表現と対人関係

1　個人と家族
1-1　家族は別の人格

　先にあげた「主人がお世話になっております」という日本語の表現は英語話者に奇異に思われる。夫婦関係だけでなく、親子の場合も同じである。日本では子どもの学校の担任教師や、病気の主治医に対しては、子どもの名をあげて、

　　　和夫がお世話になっております。

のように、謝辞を述べるのが礼儀とされている。これは家族に対する親切を自分自身が受けたと感じる、つまり家族と一体になっていると感じることである。英語では家族は親しい人間ではあるが別の人格と考えるので、上のような挨拶を儀礼としてはしない。特に世話になったことがあればそれについて礼を述べるのは別である。

1-2　Ruth と「お父さん」

　筆者が若いころアメリカに留学したとき、アメリカ人の友人の両親の家に呼ばれていったことがある。そのとき Martha という筆者の友人が、夫の母親である人を、Ruth と呼ぶのを聞いて、おおげさに言えば耳を疑うほど驚いたことを、何十年もたったいまでも思い出す。日本人の女性が夫の母親を「美代子」と呼んだりしたらどうか。そういう例もないとは言えないが、普通は「お母さん」と呼びかけるであろう。

それとちょうど裏返しの話をその後聞いた。アメリカから来て日本語を学んでいる Catherine が、日本人の女性の友人についてこんな話をした。

> 彼女の家に遊びに行ったとき、そこにいた年配の男性を彼女が「お父さんです」と紹介したので、彼女の父親だと思ったが、あとで夫の父親であることがわかって、どうして「たけしのお父さんです」と言わないのか不思議に思った。自分の親でもない人を「お父さん」「お母さん」と呼ぶことは考えられない。

日本人の女性が、しゅうとにあたる人を「たけしのお父さんです」と紹介したら、異常であろう。逆に自分の父親でもない人を「お父さん」というのは、英語話者にとっては「へん」なのであった。

いまの日本では核家族が中心で、配偶者の親と一緒に暮らすことが少なくなったが、それでも配偶者の親を自分の肉親と同じに「お父さん、お母さん」と呼ぶ習慣は変わらないであろう。

1-3 Your father/mother

英語では、配偶者の両親について三人称で話すときは your father/mother と言う。日本語では your にあたる語は使うことが少ない。「あなたのお父さん、お母さん」という

言い方は普通しないで、ただ「お父さん／お母さん」になり、言語的にも自分の両親と配偶者の両親の区別はしないことになる。

　配偶者の両親に直接話しかけるときはどうか。日本語では「お父さん／お母さん」が普通であるが、英語では一律にきまってはいないようである。どう呼べばいいか両親に直接たずねてきめるときもあるが、たいていは Dad/Mom, Father/Mother と呼ぶそうであるから、日本語の場合と同じになる。一般的ではないが、first name で呼ぶこともある。筆者の友人 Martha の例である。

　若夫婦に子どもができて両親が祖父母になると、両親を Grandpa/Grandma, Grandfather/Grandmother などと呼ぶ。これは日本語の場合と似て、子ども中心の呼称である。

　兄弟姉妹の場合はどうか。英語では配偶者の兄弟姉妹は first name で呼ぶ。日本では以前は配偶者の兄や姉も自分の兄や姉と同じに「おにいさん、おねえさん」と呼んだ。兄の妻は「おねえさん」と呼び、ときには自分より年下の「おねえさん」ができたりしたが、核家族化が進んで同居が少なくなっている現在では、この習慣は崩れ始めているかもしれない。日本でも兄弟姉妹は「かずおさん」「みちこちゃん」と名前で呼ぶ場合が出てきていると思われる。この点では英語と似ているが、呼び捨てにせず「さん」や「ちゃん」をつける点が違うと言える。

2　家族の間
2-1　家族でも Could I...?

　英語では家族の間などの話し合いではくだけた表現が用いられるが、いったんものを頼むときとなると丁寧な形をとる。筆者が記録した中流家族の会話では、teenager の少女が家庭の食卓で 3, 4 歳年下の妹にむかって、

　　Could I have the lemon after you, Connie?
　　――そのレモン、すんだらまわしてくださいな。

と言っている。日本だったら妹に対しては「レモン、まわして」のようなぞんざいな言い方をするのが普通であろう。また 9 歳ぐらいの子どもでも、

　　May I have the salt, please?

と、依頼には please をつける。また、9 歳の少女が母親にむかって、

　　Mom, is there some day I might go riding after school? I mean, what day would you suggest?
　　――ね、お母さん、いつか放課後、馬にのりに行ってもいい？ その ... いつがいいかしら。

と遠慮がちに丁寧にたずねている。雑談の場面とは違った調子である。日本でも要求によっては親にむかって遠慮がちに頼むであろうが、丁寧度を改めて「〜てくださいませんか」と言うことは少ないであろう。

また、親が子に何か言いつけるときでも口調は丁寧である。

> Rachel, won't you get up and make some tea for us, would you?
> ——レイチェル、すまないけど、ちょっと立ってお茶入れてくれないこと？

と母親がteenagerの娘に頼んでいる。

英語では発話意図が相手に対する依頼になると、同じ相手でも調子を変えるということである。日本語では発話意図によって同じ相手に調子を変えることは少ない。ふだん「〜してちょうだい」と頼んでいる娘に対して「〜てくださいませんか」と言ったら、皮肉のような感じになるであろう。

おおざっぱに言えば英語の話し方は流動的であるが、日本語のほうは固定していると言えよう。

2-2 「お母さん」はI、「ぼく」はyou

日本語では、親が小さい子どもにむかって自分のことを、子どもから見た存在として示す、つまり「お母さんがやっ

2　家族の間

てあげる」「お父さんはおこってるよ」のような表現である。英語ではごく小さい幼児のときに限られるそうである。日本では子どもが成人になってもこの習慣を残していることが多い。

　家庭内だけでなく学校などでもこうした習慣が生きている。あるとき日本の幼稚園を見学したアメリカ人女性が、驚いた話として次のようなことを言った。

　幼稚園の先生が園児にむかって、

　　ぼく、けさ何を食べたか、先生に教えてくれる？

と言ったのを聞いた。文字通りには理解できない文である。しばらく考えてからようやく、

　　Will you tell me what you had for breakfast?

という意味であることがわかった。「ぼく」は you で、「先生」は me なんですね！と彼女は笑った。

　英語でも小さい子どもに対しては親が自分のこと Daddie, Mommie と呼ぶことはあるが、これは3歳ぐらいまでだそうである。日本ではこれが長く続いて、子どもが成人してからも母親が自分のことを「お母さん」と言い、「お母さん、きょう出かけたら珍しい人に会ったの」のような話し方をする。

第5章 言語表現と対人関係

2-3 paternal we

日本では、小さい子どもに対してかなり特殊な話しかけをする。たとえば、

> みっちゃん、お昼にしましょうね。お手々きれいきれいしてきてね。

のような話し方をする。英語の社会ではこうした習慣は少ないそうである。

その中に paternal we という用法がある。「親心の we」などと訳される。親が子どもに対し、また教師や医者が生徒や患者に対して用いる語法で、you のかわりに we を用いる。相手を自分と同体に考えた親心を示すものである。

> How are we (=you) this morning, child?
> ——けさは気分はどうかね？
> Don't we want to eat our oatmeal so we'll grow big and strong?
> ——大きくなるにはオートミールを食べなきゃだめだよ。〔子どもをなだめすかす場合〕

のような例が文法書などに出ている。こうした用法については "inclusive（相手を包括する）we" という呼び方もある。

今回資料とした映画 *The Firm* でも、入社早々の Mitch が

張り切って会社の駐車場で自分の身分証明書（identification card）を見せると警備員（security guard）が、

>Tad eager are we, Mr. McDeere?
>——やる気まんまんですね。

と言う。tad は少年のことで tad eager は子どものように張り切っている、ということであるが、are we と we を使ったのは親しみを示したものである。

ただ、こうした表現はいわば特殊なもので、日本語で用いられる小さい子ども相手の話し方のほうが一般的である点では違いがある。

2-4　first name への移行

英語では親しさを表すために呼びかけの語を変えることがよく行われる。それまで last name に term of respect、つまり Mr. や Mrs. をつけて呼んでいた相手が、つきあいを深めて親愛の情を感じると、

>Call me Joe.

と申し出て、以後 first name を使い始めたりする。

この習慣を日本語にもちこむことは難しい。筆者の経験では、もと日本語の学生でのちに個人的に親しくなったアメリ

第5章　言語表現と対人関係

カの青年が、水谷先生と呼ぶのはよそよそしくていやだから、Nobukoと呼びたいという申し出があって、困ったことがある。日本語でも親しくなれば遠慮のない話し方はするが、名前の呼び方を変えるという変化はない。親しくなっても師は師であって、それまで「西崎先生」と呼んでいた人を「一郎さん」と呼ぶことは思いつかない。要するに日本語では対人関係とそれに付随する言語表現が固定しているということで、それに対して英語ではその点で流動的であるということができよう。

3　過去の関係への言及
3-1　過去に言及

日本語に特徴的なことは、過去の相手の好意に言及して感謝することである。

　　先日はごちそうさまでした。
　　この間はお世話さまでした。

などのように過去にさかのぼって謝意を表すが、これは英語話者には奇異にうつるらしい。

　　Thank you for the feast the other day.
　　Thank you for your kindness the other day.

などと訳すことはできるが、そうした謝意は不要だと英語話者は言う。たとえば家に呼んでもてなしたりしたあとも、後日もう一度礼を言われることを期待しない。呼ばれたほうはそのときに礼を言い、またすぐあとで thank-you note つまり礼状を送ったりするが、何日かあとに会ったときにもう一度礼を言う習慣はない。

　日本人の夫婦がアメリカ人の留学生にせいいっぱいご馳走したが、2週間後に会ったとき、彼らがにこにこしながら、

　　How are you?

と言うだけで、「こないだは」と一言も言わないので、あっけにとられて失望したという話をよく聞いた。

　留学生の中には「日本人は恩恵を施すと一度だけでなく何回も礼を言ってもらわないと満足しないのか」と筆者に質問した者もいる。つまり謝意の表明を何度も聞きたいという欲が強いのか。また「「先日は」と礼を言うと、もう一度ご馳走してほしがっているように思われるから言いたくない」とまで言う学生もいた。まじめな顔で、何か月前のことまでお礼を言わなければならないのか。日本語をちゃんと話すにはよほど記憶力がよくなければならないではないか、と言った学生もいた。

3-2　digital vs. analogue

　日本語を話すのにすばらしい記憶力の持ち主であることは必要ない。この前の出会いでどちらが費用を負担したか覚えていないことも多い。その場合は thank you とは言えないから、「この間は失礼しました」と言えばよい。shitsurei が活躍するわけである。
　日本人が前回の出会いに言及したがるのはなぜか。上下関係の礼儀にやかましい間柄だけでなく、気楽につきあっているように見える若い友人どうしでも、

　　こないだはありがとう。
　　こないだは楽しかったね。

と言い合うようである。過去の出会いに言及するのは必ずしも礼儀の問題ではない。相手とのつきあいがきょう始まるのでなくて、前から続いているのだということを確認したい意識があるからではなかろうか。過去に興味をもつという回顧的な感情でなく、経験の共有を重視しているのである。おおげさに言えば、ここにも共存の意識、寄り添いがかいまみられる、ということができる。英語ではそれが少ない。おおざっぱな言い方が許されるとすれば英語の対人意識は digital であり、日本語のそれは analogue であるということができる。
　日本人は恩恵に費やした経費にこだわるのが原因だという英語話者の誤解を解くために、英語で説明するとしたら、次

のように言えばよいと思われる。

What really counts is to show that you and the listener remember sharing the same experience; the memory of having the same experience helps to establish good relations between the two of you.
——大切なのは、相手と自分が同じ経験を分かち合ったことを記憶しているということを示すことである。同じ経験を持ったことの記憶が両者の良い関係を築くのに役立つのである。

4　人間関係と評価
4-1　評価と compliment

　アメリカ人学生は授業のあと、日本語で感謝を伝えようとして、

　　先生、ジョーズニ教エマシタ。
　　先生、オモシロイ講義アリガトウ。

とほめてくれることがある。学生にほめられるとうれしいという気持ちをおさえて、日本語の場合の説明をする必要があるということは第4章で述べた。ここでもう一度とりあげるのは、英語では評価することについてプラスの意識があるということに注意を喚起したいからである。

第5章　言語表現と対人関係

　こんな話がある。アメリカに商社マンとして赴任した夫についていった夫人が、あるとき子どもの学校のアメリカ人の友だちを家に呼んでご馳走した。活発で行儀の悪い子どもたちだと思って見ていたが、帰るとき、中でも年下と見えた小さい男の子が夫人のもとに近づいてきて、恥ずかしそうに、

　　Mrs. Matsumoto, I liked your chocolate pudding very much.

と言ってくれたのに感動した、ということである。アメリカの社会では折に触れて相手を勇気づけるようなcompliment（ほめことば）を言うように、小さいときからしつけられていることを示す例である。こういう話を聞くと、よく中年の日本人商社マンなどが社交の場でうまくcomplimentが言えないために苦労するという話が思い起こされる。

4-2　complimentへの意欲

　日本ではほめることは評価という作業にもとづくものとして、目上をほめるということには抑制が働く。しかし英語の社会では相手をほめることにプラスの意識があるようで、学生たちの中には、せっかくよいと思っている教師の授業をほめることができないということには不満があるようであった。

　こうしたことはこれから国際化が進むと少しは変わってい

くかもしれない。日本語を離れて行動するときには、相手を勇気づける compliment に挑戦してみることも有効であろうと思うが、国際経験の豊かな現代の若者はすでにそうしているのかもしれない。

5　日本語話者と英語話者のつきあい
5-1　意識と説明

　第4章で日本語と英語の言語行動の違いを述べた。第5章でも人間関係と言語の違いを考察した。こうした違いがときに日本語を話す人と英語を話す人との間に誤解や感情の齟齬を生じることは考えなければならない。過去の好意に謝辞を繰り返すことについて、事情をよく知らない英語話者の批判があることなど、触れたとおりである。

　こうした誤解や誤解に伴う気持ちの齟齬は、国際化が進めば少なくなるかもしれないが、全くなくなるということはないであろう。その対策としては理解を進めることしかないと思う。理解を進めるには違いを説明することである。説明を聞けば誤解は氷解するであろう。「違いを説明するほどの英語力はない」と尻込みする向きもあると思われるが、しかし流暢な英語は必ずしも必要ではない。説明しようという誠意が伝われば、つたない表現でも十分である。問題は互いの言語行動や価値観の違いを意識することである。そうした意識を日本人の若い人たちにもってもらいたいと思ってこれまで書き進めてきた。いくらかでも意識を深めてもらえれば幸せ

第5章　言語表現と対人関係

である。

5-2　ある英語話者の見解

　翻訳を専門にしている一人の英語話者に、日本人の言語行動で好意がもてないことについて率直な意見を聞いてみた。これまで述べたことと重なる部分もあるし、個人の見解であるけれども、長年日本語と英語の問題を考えてきた人の意見として紹介し、参考にしてほしい。指摘してもらったことは次のようなことである。

　　a)　too forceful intonation
　　　　——高圧的に押しつけるイントネーション
　　b)　asking personal questions like one's age
　　　　——年齢など個人的なことを尋ねる
　　c)　lack of direct eye contact
　　　　——視線を合わせるのを避ける
　　d)　inappropriate laughing
　　　　——不適切なときに笑う
　　e)　aizuchi interruption
　　　　——あいづちで話をさえぎる

　a)は第1章で触れたことで、疑問文でないからといって下降調のイントネーション、それも断定の調子が多く、名前の呼びかけなどがないことはrudeの印象を与える。

b）はこれまでもよく指摘されたことである。人を見ると年齢などを聞きたがるのは、プライバシーの侵害であるということは日本でも言われていることで、日本人でもあまり若い人はしないと思われるが、なぜ聞く人がいるか。それは年齢を知ることで相手に近づいた感じをもつからではないか。親しみの表現の場合も多いが、やはり英語話者には立ち入りすぎる態度と見る意識が強いのであろう。

　c）は外国人になれていない人が目を合わせるのをきらうことはあり得ることである。話し合いには目をそらしてはまずい。

　d）場がもたないような気分のとき、何となく笑うようなことはあるかもしれないが、英語話者には不可解で不愉快な印象を与えがちである。

　e）あいづちについては第3章で触れたとおりである。

5-3　寄り添い志向の抑制

　a）は英語の技術の問題であるが、ほかのb, c, d ,eは英語話者が個人のidentityを守ることに熱心であるのに対して、日本語話者がともすれば無意識に寄り添い意識を働かせるためではないかと思われる。相手の年齢を聞くことは相手との距離を縮めて近づこうとするためであり、目を合わせるのを避けるのは対立を避けたいという気持ちからであり、何となく笑うのも、やはり対立と思われることから逃げようとすることではなかろうか。あいづちをやたらに打つと思われる

のは過剰な寄り添い意識の現れではないか。要は英語話者が独立した個人であろうとする志向に対して、相手に寄り添おうとする志向のためではないかと考えられる。やや強引な論と思われるかもしれないが、ここにも日英の志向の違いが見られる。自分の志向を否定する必要はないが、意識することは必要で、国際的な場面で対立を回避するためには、寄り添い志向を抑制する必要も出てくるであろう。

6　音声上の対照
6-1　卓立と句アクセント
■卓立

　以前、タクシーに乗っていて、車が目的地に着いたとき、筆者と同乗していたアメリカ人の青年が、

　　　Koko-de TOMETE-KUDASAI.

と言った。それを聞いた運転手が不愉快な表情で振り向いた。これは、

　　　ここで　とめてください。

という文を「ここで」を低く、「とめてください」を高く発音したためである。「ここでとめてください」という文は、「ここで」と「とめてください」の二つの句あるいは文節か

らできている。第一句を高くすれば問題ないが、第二を高くすると非難がましくなったりイライラした印象を与え、「なぜここでとめないのか。メーターがあがってしまうじゃないか」というように聞こえる。しかも英語話者であるため文末を強く言ったこともあり、タクシーの運転手は不快に感じたのであると思われる。

　二つの句の高さの関係を「卓立」というが、これはやや専門的な語であまり普及していない。「卓立」は意味の明確化や強調に影響するが、ここでは人に与える印象のみを問題にする。試みに次の文はどちらの句が高いか。下線のついた句を高くするのが普通である。

　　<u>ちょっと</u>　待ってください。
　　<u>お茶を</u>　飲んでください。

逆に、

　　ちょっと　<u>待ってください</u>。
　　お茶を　<u>飲んでください</u>。

とするとイライラした感情を表す。

■句アクセント

　日本語の卓立に似ているのが英語の句アクセントである。

英語では形容詞と名詞からなる語ではアクセントによって意味が異なることがある。

　　the Whíte House（アメリカ大統領官邸）
　　a white hóuse（白い家）

　　a bláckbird（ツグミ）
　　a black bírd（黒い鳥）

このような例は英語の参考書などに広く引かれているが、日本人はあとの名詞にアクセントをおく発音が不得手である。卓立の影響として「白い」「黒い」などの形容詞は、通常そのあとにくる名詞より高く発音されることが考えられる。

5-2　音声上の影響と問題

　日本語話者が句アクセントを、英語話者が卓立を誤るのは訓練の不足もあるが、日本語の卓立の影響を考えるべきである。ただ、英語の句アクセントの誤りは違和感を与えることはあっても不快感を与えるわけではない。日本語の卓立も、依頼文のほかでは問題にする必要はあまりないが、依頼文はコミュニケーション上重要度が高いので、注意が必要であろう。本書の立場から音声上の対照をコミュニケーション関係に限ったが、日本語と英語に興味をもつ読者には知識を深めてもらいたいと希望する。

おわりに

　本書では、英語の親愛志向に対し日本語に共存・寄り添いの志向が強いことに触れてきた。英語と日本語には類似点もあり、相違についての著者の理解にも限界のあることを意識している。またここで英語といったものは主としてアメリカ英語であり、英語の多様な面に触れていないという不備もある。それでもあえて本書を出すのは、日本語や英語一般に対する理解を深めてほしいという願いからである。ここに述べた「感じのよい英語」「感じのよい日本語」という考えの理解をもとに、若い人がこれからの国際化時代を切り拓いていくことを願っている。

主な参考文献

■辞典類

国語学会編（1955）『国語学辞典』東京堂

―――（1980）『国語学大辞典』東京堂出版

大塚高信編（1983）『新英文法辞典改定増補版』三省堂

Randolph Quirk & Others（1985）*A Comprehensive Grammar of the English Language.* Longman.

日本語教育学会（2005）『新版日本語教育辞典』大修館書店

■話しことばの文法

三尾砂（1958）『話しことばの文法』法政大学出版局

永野賢（1970）『伝達論にもとづく日本文法の研究』東京堂出版

水谷修（1979）『話しことばと日本人　日本語の生態』創拓社

水谷信子（1980）「話しことばの文法の総合的考察――ディスコース分析試論」『アメリカ・カナダ十一大学連合日本研究センター紀要』3

―――（1980）「外国語の修得とコミュニケーション」『言語生活』344号、筑摩書房

―――（1988）「話しことばの比較対照」『話しことばのコミュニケーション』凡人社

―――（1995）「日本人とディベート――「共話」と対話――」『日本語学』6月号、明治書院

主な参考文献

メイナード・泉子，K（1993）『会話分析』くろしお出版

佐々木泰子（1995）「共話の理論に関する一考察」『言語文化と日本語教育』第9号、お茶の水女子大学日本言語文化学研究会

堀江裕子（2010）「話しことばにおける補助動詞の使用実態」『人文学部研究論集』24、中部大学人文学部

Brown, Penelope and Stephen C. Levinson（1987）*Politeness—Some Universals in Language Usage*. Cambridge University Press.

Lakoff, Robin（1975）*Language and Women's Place*. Harper & Row.

Mizutani Osamu and Nobuko Mizutani（1977-90）*Nihongo Notes vol. 1 〜 vol. 10*. The Japan Times.

────（1991-94）*Communication Cues vol. 1 〜 vol. 4*. The Japan Times.

Mizutani Nobuko（1982）The Listener's Response in Japanese Conversation. *Sociolinguistics Newsletter*, vol. XIII, No.1

■談話の展開

水谷信子（1993）「非用と談話の展開」『日本語学』9月号　明治書院

────（1995）「談話分析上の諸問題──条件・接続表現の多用、談話の展開、"わたし"の潜在と遍在──」（講義

記録)『言語文化と日本語教育』お茶の水女子大学日本言語文化学研究会、凡人社
――― (2008)「談話の展開とあいづちを誘導する語句――「共話」の底にあるもの――」『明海大学大学院応用言語学研究科紀要』No.10
渡邊亜子 (1995)『中・上級日本語学習者の談話展開』くろしお出版

■日英対照

水谷信子 (1962)「外国人の日本語を分析する――英語国民の場合を中心として――」『言語生活』125号　筑摩書房
――― (1969)「日英両語の比較 ―― 仮定法を中心として――」『日本語教育』14号
――― (1982)「(わたし) か someone か」『翻訳の世界』3月号　日本翻訳家養成センター
――― (1982)『英語の生態――話しことばとしての英語を考える――』ジャパンタイムズ社
――― (1985)『日英比較話しことばの文法』くろしお出版
――― (1993)「対照研究と日本語教育――話者の心的態度の日英比較を中心に――」『人間文化研究年報』第17号別冊　お茶の水女子大学人間文化研究科
――― (1996)「言語生活の対照」『日本語学の世界』明治書院
――― (2001)『続日英比較話しことばの文法』くろしお出

版

長谷川香摘（2000）「話しことばの日英対照——文中・文末における名前等の呼びかけ——」『日・英対照研究特論研究報告』No.1　明海大学大学院応用言語学研究科水谷研究室

John Hinds（1986）*Situation vs. Person Focus.* くろしお出版

Nobuko Mizutani（1993）An Analysis of Hiyoo in Discourse ——A Contrastive Study of Japanese and English. 4th International Pragmatics Conference.

水谷信子（みずたにのぶこ）

1929年東京生まれ。東京女子高等師範学校文科修了。東京大学文学部卒業。ミシガン大学大学院に留学。1953年から日本語教育に従事。国際キリスト教大学助手、スタンフォード大学日本研究センター教授などを経て、1986～1995年にお茶の水女子大学教授。1996～2014年明海大学教授。2014年退任。

1970～1974年ラジオ「百万人の英語」講師。

1998～2000年日本語教育学会副会長。

著書に『An Introduction to Modern Japanese』（ジャパンタイムズ 1977, 共著）、『Nihongo Notes 1-10』（ジャパンタイムズ 1977-1990, 共著：1986年国際出版文化賞受賞、現在は新版 2011）、『日英比較話しことばの文法』（くろしお出版 1985）、『総合日本語中級』（凡人社 1987）など多数。

感じのよい英語・感じのよい日本語
―― 日英比較コミュニケーションの文法 ――

2015年3月1日 第1刷発行

著　者　水谷信子　©Nobuko Mizutani, 2015

発　行　株式会社　くろしお出版
〒113-0033　東京都文京区本郷 3-21-10
TEL: 03-5684-3389　www.9640.jp

印刷　三秀舎　　装丁　折原カズヒロ

ISBN 978-4-87424-644-3 C0080　Printed in Japan